南京稀见文献丛刊

南唐二陵发掘报告

南京博物院　编著

南京出版传媒集团
南京出版社

图书在版编目（CIP）数据

南唐二陵发掘报告 / 南京博物院编著. — 南京：
南京出版社，2015.7
　（南京稀见文献丛刊）
　ISBN 978-7-5533-0894-4

　Ⅰ.①南… Ⅱ.①南… Ⅲ.①陵墓—考古发掘—发掘
报告—南京市—南唐 Ⅳ.①K878.85

中国版本图书馆CIP数据核字（2015）第072792号

丛 书 名：南京稀见文献丛刊
书　　 名：南唐二陵发掘报告
作　　 者：南京博物院
出版发行：南京出版传媒集团
　　　　　南 京 出 版 社
　社址：南京市太平门街53号　　　　邮编：210016
　网址：http://www.njcbs.cn 电子信箱：njcbs1988@163.com
　联系电话：025-83283893、83283864（营销）　025-83112257（编务）

出 版 人：项晓宁
出 品 人：卢海鸣
责任编辑：徐　智　杨传兵
装帧设计：王　俊
责任印制：杨福彬

制　　 版：南京新华丰制版有限公司
印　　 刷：南京工大印务有限公司
开　　 本：890毫米×1240毫米　1/32
印　　 张：11.75　插页4
字　　 数：248千
版　　 次：2015年7月第1版
印　　 次：2023年2月第2次印刷
书　　 号：ISBN 978-7-5533-0894-4
定　　 价：70.00元

用微信或京东
APP扫码购书

用淘宝APP
扫码购书

总　序

　　南京是我国著名的七大古都之一,又是国务院首批公布的 24 座历史文化名城之一。有将近 2500 年的建城史,约 450 年的建都史,号称"六朝古都"、"十朝故都"。南京的地方文献是中华历史文化资源的一个重要组成部分,是研究我国政治、经济、军事、文化和民风民俗的重要资料。按照南京市委、市政府以科学发展观统领全局的要求,配合经济发展与城市建设,深度挖掘历史文化资源,做好历史文献整理出版工作,不仅有利于传承、弘扬南京历史文化,提升南京品位,扩大南京知名度,也有利于当前的物质文明、精神文明、政治文明和社会文明建设。

　　长期以来,南京地方文献还没有系统地整理出版过,大量的南京珍贵文献散落在全国各地的图书馆和民间。许多珍贵的南京文献被束之高阁,无人问津,有的随着岁月的流逝而湮没无闻。广大读者想要查找阅读这些散见的地方文献,费时费力,十分不便。为开发和利用好这一祖先留给我们的文化瑰宝,充分发挥其资治、存史、教化、育人功能,南京出版传媒集团·南京出版社组织了一批专家和相关人员,致力于搜集整理出版南京历史上稀有的、珍贵的经典文献,并把《南京稀见文献丛刊》精心打造成古都南京的文化品牌和特色名片。为此，我们在内容定位上是全方位、多视角地展示南京文化的深层内涵和丰富魅力；在读者定位上是广大知识分子、各级党政干部以及具有中等以上文化程度的人；在价值定位上，丛书兼顾学术研究、知识普及这两者的价值。这套丛书的版本力求是国内最早最好的版本，点校者力求是南京地方文化方面的专家学者，在装帧设计印刷上也力求高质量。

　　总之，我们力图通过这套丛书的出版，扩大稀见文献的流传范围，让更多的读者能够阅读到这些文献；增加稀见文献的存世数量，保存稀见文献；提升稀见文献的地位，突显稀见文献所具有的正史史料所没有的价值。

　　　　　　　　　　　　《南京稀见文献丛刊》编委会

导　读

南唐二陵是新中国建立初期最早发掘的帝陵，也是南京地区唯一的在考古发掘以后向群众开放参观的国家级帝陵类重点文物保护单位。1957年虽然已由南京博物院出版过《南唐二陵发掘报告》，但究属大型的考古学专刊，一般读者难以看到，所以很需要一本文字通俗易懂与内容丰富的科普性读物问世。而2006年由江宁区资深文物工作者周维林、夏仁琴两位编写的《南唐二陵史话》正是填补了这一空白。在2010年南唐二陵考古发掘60周年之际，南京市的文物考古部门又对陵园区域进行了全面的考古调查、勘探与发掘工作，获得了一批新的考古资料。现《南唐二陵发掘报告》即将增订再版，作为当年考古发掘与编写发掘报告的亲历者，亦乐于在初版序言的基础上再补写几句话。

关于南唐二陵的历史背景、发掘情况，以及陵墓建筑和出土遗物等内容，此书已写得相当清楚，笔者谨追忆一些在参加发掘工作和编写报告过程前后的体会，作几点补充。

一是通过我们查阅文献，并对南唐二陵所在的祖堂山及稍北的牛首山周围的环境进行考察后，体会到这两座名山虽然在地貌上看是南北平行，但间距很小，且地脉相连。

故唐宋时期所称的"牛头山"，实际上是将牛首、祖堂两山均包括在内。据佛书记载，初唐时的高僧法融，先在江南各地研习佛经，听讲各种经论，有过20年的入山坐禅的经历，然后至金陵牛头山的幽栖寺北岩下构筑茅茨禅室，日夕参究。同时去附近的佛窟寺，用八年时间阅读、摘抄了该寺于南朝初年写藏的佛经、道书、佛经史、医方、图符等"七藏"，再回到幽栖寺，闭门从事研究。数年后，终于悟道，先后在幽栖寺和金陵各大寺开讲佛经，并得到禅宗四祖道信的认同，允许他自立一个支派，这就是"牛头宗"。法融成为此宗的"第一法师"，并被誉为"东夏之达摩"，幽栖寺则被认为是此宗的"祖堂"，山亦改称为"祖堂山"。相传法融得道时，曾有"百鸟献花"之异，故幽栖寺的北岩也得"献花岩"之名。因此，陆游在《南唐书》中所记载的后主李煜于牛头山"造寺千余间，聚（僧）徒千人"，也可理解为主要是建造在今祖堂山的幽栖寺一带，以作为谒陵时的礼佛与寝食之处。在这以前，先主李昪曾于昪元三年（939年）在金陵南郊"作行宫千间"，估计也是在牛头山一带。

二是据《南史·郭祖深传》，南朝梁武帝时"都下佛寺五百余所，穷极宏丽。僧尼十余万，资产丰沃"，但至晚唐时已大多荒废。到五代的杨吴国后期，徐知诰（南唐先主李昪的原名）治理金陵期间才开始渐次恢复。他于杨吴天祐六年（909年）即奉其养父徐温之命，前来治理金陵。三年后，被正式任命为昪州刺史，便有意将金陵作为他的根据地。祖堂山的古刹幽栖寺在荒废多年后，也因他"惜其胜概，乃兴修焉"(据《金陵梵刹志》),时为杨吴大和二年(930年)。可见他在南唐建国(937年)之前就对祖堂山的形胜有了深刻的印象。又据《南朝佛寺志》考证,南朝时幽栖山的佛寺除幽栖寺外,其东南方还有吉山的永泰寺;牛首山则有佛窟寺、仙窟寺和虎窟寺,山前还有常乐寺。南唐时将吉山的永泰寺重建为净果院,牛首山前的常乐寺重建为福昌院,山上的佛窟寺也有所扩充。南唐的先主李昪常来这些寺院礼佛和游览,中主李璟与后主李煜更经常来此,他们则兼有谒陵和礼佛的双重意义。不过,李昪意欲继承唐代崇道的传统,故道、佛并重,李璟亦是如此。在南唐先主和中主的统治时期,不仅恢复了东汉以来金陵的大部分道观,如仙鹤观、永乐观、洞玄观、崇元观、玄真观等等,还新建了一批宫观。在杨吴时期,已于城内的冶城山上建紫极宫,李昪则在方山建宝华宫,李璟亦在方山建玉虚观,并在雨花台下的越城建女冠观。当时方山上下拥有洞玄、玉虚二观与宝华一宫,遂成为金陵道教的中心。及至后主李煜时,则专一信佛,他不仅广修寺庙,普度僧人,而且在"宫中造寺十余,出余钱募民及道士为僧,都城至万僧,悉取给县官"(据陆游《南唐书》),可以说是举国崇佛,他的佞佛程度堪与梁武帝相比。

三是关于南唐二陵墓地的选址,这是我们在考古发掘前相当困惑的问题。记得那是65年前的初秋,当笔者与南京市文保会的刘俊亭同志一道多次乘马车、公共汽车,并结合步行往返于东山、东善桥、幽栖寺和墓地之间,从事发掘的筹备工作时,深感墓地交通的不便。我们在陪同中外来客参观时,他们也提出过类似的问题。在墓主身份未确定前,我们就经常谈及,如果墓主是一位皇太子的话,为何葬在如此偏僻之地,是否有可能是一名废太子?及至发掘队对墓的地理环境进行了较深入的考察,并在"太子墩"内发现了南唐先主李昪的玉哀册后,我们的疑惑才慢慢消失。从大的地理环境来看,这里背倚佛教"牛头宗"的发源地祖堂山(海拔 258 米)与被称为东晋南朝"天阙"(后为"天坛"所在地)的牛首山(海拔 248 米),南西遥对 50 公里外的云台山最高峰(海拔 304 米),从古代的风水学来看,确实是一处理想的"龙藏"之地。

　　祖堂山的南方东西开阔,东有幽栖寺、拜经台、祖师洞等古刹和古迹,中部和西部是一片丘陵,便于安排多处陵墓。从地形来观察,南唐二陵的陵园入口很可能在祖堂山西南方地势较为平坦的今王家坟村一带,即现存的明代兵部尚书王以旃墓附近。然后应有神道通向中主李璟顺陵西南的享殿。该殿的基址经当年勘察为东西长 80 米、南北宽 50 米的平台(最近的勘探结果为东西长约 90 米,南北宽 64—74 米,高约 1—1.2 米的人工夯筑台基)。过去在平台上曾经掘出 3 块柱础台。农民在此平台上开荒种地时又曾发现过相当数量的砖瓦。我们发现,这种砖的大小均与二陵出土的长方形薄砖相同,可证这处平台上当年曾经存在过宏丽的建筑物。近年来,江宁的南唐二陵文保所的同志们又在该平台上发现了不少遗物,再结合新近发现的建筑残件,更可确定为享殿无疑。

在发掘期间,我们还在该平台上采集过数以百计的青白瓷(影青瓷)器的碎片,其胎、釉、色泽和器形均与二陵出土的同类瓷器相似。根据近年来的陶瓷考古发现,很可能是安徽繁昌窑的产品,而当年的皖南正是在南唐直接统治的疆域范围之内。

关于交通问题,后来我们分析了古代与现代对交通工具与道路的不同要求。金陵位处宁镇丘陵地区,地面大多崎岖不平,所以古代的一般民众出行时多用毛驴代步,官宦与富贵之家则用轿马,因此不需要宽广的道路。而在王家坟村之西的三板桥,正有一条从金陵城南经过牛首山北面的大定坊,再经牛首山和祖堂山之西到谷里乡的古道在此经过,所以陆路交通并无问题。再说水路,在幽栖寺的南麓有一条小河,汇集祖堂山的涧水经过东善桥直通秦淮河。当年这条小河的流量可能较今日为大,疏浚后能通行小舟,可以运送砖石木材等建筑材料,以便建造陵墓、神道、享殿,以至扩建附近寺庙之用。

鉴于南唐在祖堂山建陵时,金陵城近郊的传统墓地如钟山、幕府山与石子岗和雨花台一带已分布有六朝以来的帝王、世家大族、官员勋贵以至平民的墓葬,有些地点且较为密集(如石子岗和雨花台)。因此,主持南唐先主李昇陵寝事宜的韩熙载和江文蔚等大臣,必须考虑到唐代的山陵制度讲究"依山为陵"与陵区必须开阔的特点,以便日后再设置陪葬陵墓的需要。同时也要考虑到南唐皇室信佛的特点,所以选在佛教的名山之前与古刹之侧。也许李昇生前就有这方面的愿望，首肯了祖堂山下是最佳的选择之处，已开始营建陵墓，并于李璟即位后完成全部工程。否则，不可能在短短的8个月之内就葬入有着精细石雕和绚丽壁画的砖石结构的仿木构建筑的陵墓（李昪卒于943年2月，11月入葬）。先主的陵名为"钦陵"，庙号"烈祖"。4年后，又葬入其皇后宋氏。20年后，中主李璟葬入钦陵之西50米的"顺陵"，庙号"元宗"（962年）。3年后，又葬入其皇后钟氏。同年，后主李煜葬其皇后周氏（通称"大周后"）于"懿陵"，但史书未载其确切的地址。按后主李煜时期，南唐已向北宋称臣，国力日蹙，同一年内将母后与皇后入葬，要耗费大量的人力和物力。因此，如果再要为大周后另行择地建陵，在时间上与财力上均不允许。结合新近在顺陵西北侧约100米处发掘的一座墓主为女性的南唐中型砖石结构墓葬情况来看，虽然其随葬品多遭盗掘，亦未发现文字遗迹，但笔者亦赞同发掘者的判断，此墓即是大周后的"懿陵"。

四是关于南唐二陵何时被盗以及陵园的破坏始于何时的问题。这是我们在发掘过程中和编写报告工作中经常琢磨的问题，也是笔者在发掘当年受到刘伯承、陈毅两位野战军司令员询问过的问题。在二陵的发掘报告中，我们曾经列举了几种可能性，但倾向于是在南唐亡后不久，被原来造墓的人或他们的亲属所盗。后来，笔者阅读了更多的史料并结合发掘时所见墓内被破坏的情况，认为更大的可能是与南唐同时代的吴越兵所为。

鉴于南唐与吴越两国在先主李昪时期相安无事，吴越发生水、火灾难时，李昇还派官员前去慰问并赠送物资。但至中主李璟时，他违背父训，轻率用兵，在干预闽国内乱时，为吴越援闽的大军所败，死亡两万余人。接着，又在吴越配合后周南征出兵常州时，南唐皇子李弘冀杀吴越降卒数千人，从此两国结为死敌。到 975 年，宋太祖赵匡胤决意消灭南唐，命吴越出兵夹击。此年阴历 6 月，宋兵与吴越兵合围金陵城，阴历 11 月城破，李煜投降。此前，宋兵与吴越兵曾在金陵城外驻扎达半年以上，宋军主将曹彬以纪律严明著称，在城破前即与将士相约，不得烧杀抢掠，并保全百姓的生命和财产。而吴越兵则相反，在城破前，已将金陵城外的南唐"公卿茔域"发掘殆尽（据马令《南唐书》）。城破后，又"烧昇元阁（即李白诗中的瓦官阁），避难其上者焚死殆数百人"（转引自《首都志》）。或云"宋师下江南。士大夫豪民富商之家，妇女数千人，避难阁上，吴越兵举火焚之，一旦而烬"（转引百朱偰《金陵古迹图考》）。可见当年吴越兵烧杀的残酷程度。而南唐二陵位处郊外，中主李璟又是其死敌，很难幸免。

从实地发掘所见，李璟陵可能只经过一次早期盗掘。其前室和中室的室顶各有一个盗洞，淤土厚达 3 米左右，几近室顶，可知其淤积年代之长。后室虽无盗掘洞，但棺床的后壁已被破坏。在各室淤土中发现的陶俑均已身首异处，并从陶座上被翻到砖地，陶瓷器无一完整。石质哀册被打碎断裂后散乱不全地弃置在后室棺床的周围。在后室淤土中还发现了一些朽木块和零星漆皮，估计是漆棺的遗留物。这些现象似乎表明这是盗掘者有意的大规模破坏活动，而不是少数人以攫取珍宝为目的之盗掘行为。因此，将这次早期的大规模盗掘行为的时间推定在南唐灭亡时的金陵城破前后，即975年至976年之间，可能是较为合适的。

李昇陵由于墓墩显著，除了南唐末年金陵城破前后的一次早期盗掘，以及1950年春天的一次现代盗掘外，可能于明末清初时附近的明代兵部尚书王以旂墓被盗时，也曾经波及此墓。从李昇陵的被盗情况看，早期盗墓者原来准备自后室的室顶直接进入，故用重力将室顶的巨石条击破，但因石条之间和两端均是榫卯结构，重力捶击后仅发生断裂现象，而不能形成容人出入的洞口，所以盗掘者改为将砖结构的中室室顶打破，进入中室，在中室与后室之间的封门石墙上开洞进入后室前的过道，再用强力将封闭后室的石门打破，其中的一扇且被反方向地推入后室的室内，再进入棺椁所在的后室，实施破坏和掠夺行动。后室被破坏的部分除室顶的天象图外，还有石棺床、后壁上部、壁龛以及大约三分之一的雕刻有地理图的青石板地面等处。安放刻字填金玉哀册的石函和铁函也被打坏，玉哀册片残破散乱地弃置于墓室各处，其中一片有"钦陵礼也"字样的残片与另一片背面的编号有用刀刮削过的痕迹，显然也是有意识的破坏行动。李昇陵中室的淤土堆积情况与李璟陵的中室相似，可以说明是同期被盗。淤土底层的陶俑也均身首异处，并从陶座上翻下，陶瓷器亦被打碎，这些现象同样反映了早期被盗的情况。晚期的盗掘洞位于前室西侧室室顶的西南角，可能是明末以来盗掘者共用的盗掘洞，由于早期盗掘者的破坏与掠夺相当彻底，大部分劫余的陶俑和陶瓷器等又深埋在淤土之下，只有少量的陶俑及俑座暴露在后室靠北的地面上，所以晚期的盗墓对于墓内的文物来说，损失不是很大。

至于陵园的原有布局与被破坏的过程，笔者推测南唐二陵的门阙可能位于王以旅墓的西侧，在古道之东，然后就是一条由西到东的神道。按唐制，帝陵的神道内一般应列有石狮、石人、石马（带马夫）、石王宾像（"番酋像"）、神道碑、石鸵鸟、石翼兽和石华表。但二陵的神道石刻可能较为简约，或许只用石狮、神道碑、石人、石马和石华表等。二陵的门阙与神道石刻可能初毁于南唐灭亡时的金陵城破前后，而残存的遗迹，则可能是被毁于明代后期兵部尚书王以旅在此建墓之时（1554 年）。李璟陵西南方遗存的面积约4000 平方米的平台，应是"献殿"（即享殿）的遗迹，可能也是毁于南唐灭亡之时。

以上四点体会，谨供本书作者与读者的参考。

回想 65 年前的发掘情景，至今犹历历在目。但当年指导我们工作的师长和大部分一道发掘的同事均已逝去，未及见到今日的南唐二陵成为国家重点文物保护单位与即将建成的国家大遗址公园，还有这本精美的通俗读物。笔者亦借此序来永远怀念他们！

蒋赞初

2015 年于南京大学之南秀村，时年八十有八

李昇陵墓门上的彩画

李昪陵前室东壁的彩画

前　言

　　南唐二陵是祖国解放以后第一次发掘的两座古代帝王陵墓。从二陵本身和出土物，我们不难想象到当时聚集了多少优秀的艺术家们才将这两座陵墓建筑成功、并将制作出的最精美的东西放在里面的啊！这两座陵墓和里面的东西代表着当时江南地区建筑艺术、彩画艺术、雕塑艺术、制瓷工艺和制玉工艺的最高的成就，换句话说，就是集中着南唐艺术部分的精华于这块地方。陵墓虽然被盗掘过，然而留下的遗迹遗物，仍是研究我国文化艺术发展史的绝好资料。因此，对这两座陵墓作科学的发掘，并写出一部较详细的报告，是必要的。

　　这两座陵墓的发掘，是从 1950 年 10 月开始的。那时我们国家还处于经济恢复时期，百废待举，财政是相当困难的。但是我们的党和政府，对我们的工作给予全力的支持。尤其是南京市人民政府和江宁县人民政府给予我们各种帮助，使我们的工作得以顺利进行。我们的工作站设在祖堂山下幽栖寺内，距东善镇八里，东善镇人民政府也给予我们各种照顾。在我们工作结束开展览会时，东善镇小学将一间大课堂借给我们。我们和当地农民也发生了浓厚的友情，现在我们还时常到那地方去,感到如同回到自己的家乡一样。

　整个发掘工作和这报告的编写工作是集体进行以至于完成的。首先知道牛首山下和祖堂山下发现古墓而领导我们去作第一次调查的是南京大学教授兼那时的南京市文物保管委员会委员胡小石先生,作第二次调查并将李昪陵的现代盗掘口封闭的是南京市文物保管委员会的刘俊亭同志和我院的宋伯胤同志,领导第三次调查并对发掘做出初步计划的是我院的尹焕章同志。在发掘工作中,领导田野工作的是曾昭燏、王文林两位同志,负责记录的是蒋赞初、张彬两位同志,负责地形测量的是张正祥、顾其林两位同志,负责照相工作的是李连春同志,负责坑位图、建筑图的测绘工作的是黎忠义同志,负责彩画临摹的是陈炽、吕群两位同志和那时的南京大学师范学院艺术系王静、沈永良、夏淑敏、王世杰、赵如磋、陈光禄六位同学,负责制拓片的是王文林同志。此外,南京市文物保管委员会还特别派了刘俊亭同志来帮助我们,一直到我们工作结束的时候;那时的金陵大学影音系特来为我们摄制彩色照片,胡小石教授和南京大学工学院刘敦桢教授好几次来工地指导我们的工作,那时任我院院长的徐平羽同志也自始至终地对我们的工作给予指导和支持。

　这报告中的图版和插图,除田野所制的而外,其发掘工作完毕后所制的部分,计器物照片是李连春、王奎满两位同志摄制的,器物图是黎忠义、陈福坤两位同志画的,复原彩画是黎忠义同志画的,彩画墨线图是北京古代建筑修整所彩画组的同志画的。在编写报告中,建筑部分,刘敦桢教授指导着我们;有关南唐史料部分,胡小石教授指导着我们。中央文化部郑振铎副部长和江苏省文化局的领导同志也给予我们不少的指导;还有故宫博物院的陈万里先生、清华大学的刘致平教授以及中央文化部文物管理局的同志们对我们的报告草稿提出一些珍贵的意见;这都是我们所应深深感谢的。

在 1951 年的春天,当二陵的发掘工作结束后两个月,我们曾写一简报,在南京《新华日报》上发表。那是很粗略的,但已引起各方面的人的注意。现在算是正式报告,我们把所有的材料尽可能发表出来,还加以描写和简略的讨论,目的在供应历史科学工作者一些实物资料。由于我们的政治水平和业务水平都有限,可能还有不少的错误,希望各方面的前辈先生们和同志们予以批评指正。

编辑委员会

1956 年 12 月 14 日

目　录

前言……………………………………编辑委员会　…　1

第一章　地理环境及发现和发掘的经过………………　1

　第一节　地理环境………………………张正祥　…　1

　第二节　发现和发掘的经过………………蒋赞初　…　4

　　一　发现和调查的经过…………………………　6

　　二　发掘的经过…………………………………　7

　　三　出土文物展览和墓地的保护工作…………　12

第二章　二陵的建筑…………………………………　13

　第一节　李昪陵的建筑…………………张彬　…　13

　　一　平面布局与立面处理………………………　13

　　二　建筑的各部分………………………………　25

　　三　建筑装饰……………………………………　38

　第二节　李璟陵的建筑…………………张彬　…　50

　　一　平面布局与立面处理………………………　50

　　二　建筑的各部分………………………………　58

　　三　建筑装饰……………………………………　61

　第三节　论南唐二陵陵墓本身的制度及其装饰艺术

　　　　　……………………………………曾昭燏　…　62

第三章　出土遗物——陶器和瓷器…………宋伯胤 … 72

第一节　陶器……………………………………………… 72

一　李昪陵出土的陶器…………………………………… 72

二　李璟陵出土的陶器…………………………………… 80

第二节　瓷器……………………………………………… 81

一　李昪陵出土的瓷器…………………………………… 81

二　李璟陵出土的瓷器…………………………………… 87

第三节　论二陵出土的白瓷器与青瓷器………………… 95

第四章　出土遗物——陶俑 ………………蒋赞初 … 102

第一节　男女陶俑………………………………………… 102

一　出土情况……………………………………………… 102

二　质料和制法…………………………………………… 105

三　李昪陵出土男女陶俑的服饰………………………… 106

四　李璟陵出土男女陶俑的服饰………………………… 118

第二节　陶动物俑和人首动物身俑……………………… 123

第三节　陶座……………………………………………… 128

第四节　论二陵出土男女陶俑所代表的身份…………… 132

第五节　论二陵出土陶俑在雕塑艺术上的价值………… 139

第五章　出土遗物——玉哀册、石哀册及

玉、骨、铜、铁等器 ………………………… 144

第一节　玉哀册及石哀册…………曾昭燏、蒋赞初 … 144

一　李昪陵出土的玉哀册………………………………… 144

二　李璟陵出土的石哀册………………………………… 154

第二节　玉、骨、铜、铁等器 …………………蒋赞初 … 159

结束语…………………………………………… 曾昭燏 … 163

附录一　南唐二陵出土遗物一览表………… 蒋赞初 … 165

附录二　南唐大事年表……………………………… 张彬 … 172

插图目录

1　南唐二陵位置图　·················· 1

2　南唐李昪陵透视图　·················· 13

3　李昪陵平面和断面图　·················· 14

4　李昪陵墓门前的封门石条和石块　·········· 16

5　李昪陵墓门平面、立面、断面图　·········· 17

6　李昪陵墓门前的砖地　·················· 17

7　李昪陵前室南壁　·················· 18

8　李昪陵前室北壁　·················· 18

9　李昪陵前室东壁　·················· 19

10　李昪陵前室西壁　·················· 19

11　李昪陵中室东壁　·················· 20

12　李昪陵中室西壁　·················· 20

13　李昪陵中室南壁　·················· 20

14　李昪陵中室北壁　·················· 20

15　李昪陵中室北壁封石（从内向外看）　···· 21

16　李昪陵后室石门　·················· 21

17　李昪陵后室东壁　·················· 22

18　李昪陵后室西壁　·················· 22

19 李昪陵后室南壁 …………………………… 22

20 李昪陵后室北壁 …………………………… 22

21 李昪陵后室室顶仰视图 …………………… 23

22 李昪陵建筑所用各种砖 …………………… 25

23 李昪陵墓门正中的补间铺作 ……………… 27

24 李昪陵前室东壁靠北八角形倚柱上的柱头铺作 … 28

25 李昪陵前室东北角的转角铺作 …………… 28

26 李昪陵后室东壁靠北八角形倚柱上的柱头铺作 … 29

27 李昪陵墓门及前室通中室的门门洞两壁上下的穴 … 30

28 由李昪陵中室室顶探沟看室顶的砖砌现象 ……… 33

29 李昪陵中室室顶探沟北壁 ………………… 36

30 李昪陵后室室顶探沟北壁 ………………… 37

31 李昪陵墓门阑额西段彩画的轮廓线 ……… 38

32 李昪陵前室北壁阑额彩画的轮廓线 ……… 39

　　（1）靠东的一段 ………………………… 39

　　（2）靠西的一段 ………………………… 39

33 李昪陵前室柱头枋彩画的轮廓线 ………… 40

　　（1）东壁偏南的一段 …………………… 40

　　（2）东壁偏北的一段 …………………… 40

　　（3）西壁中间的一段 …………………… 40

34 李昪陵中室阑额彩画的轮廓线 …………… 40

　　（1）东壁中间的一段 …………………… 40

　　（2）东壁偏北的一段 …………………… 40

　　（3）西壁偏北的一段 …………………… 40

35 李昪陵后室西壁阑额靠北的一段彩画的轮廓线 … 41

36 李昪陵墓门倚柱彩画的轮廓线 ……………… 43

　（1）东侧倚柱 …………………………………… 43

　（2）西侧倚柱 …………………………………… 43

37 李昪陵前室西北角的转角倚柱彩画的轮廓线 … 45

38 李昪陵前室西壁偏北八角形倚柱彩画的轮廓线 … 45

39 李昪陵前室立枋彩画的轮廓线 ……………… 45

　（1）东壁偏南立枋 ……………………………… 45

　（2）西壁偏北立枋 ……………………………… 45

40 李昪陵中室的倚柱和立枋彩画的轮廓线 ……… 46

　（1）东壁偏北的立枋 …………………………… 46

　（2）南壁偏东的矩形倚柱 ……………………… 46

　（3）东壁偏北的八角形倚柱 …………………… 46

41 李昪陵后室棺床及其花纹 …………………… 49

42 李昪陵墓门前出土的有壶门状花纹的石块 …… 50

43 李璟陵平面和断面图 ………………………… 51

44 南唐李璟陵透视图 …………………………… 52

45 李璟陵墓门前的封门石和堆积的石块 ………… 53

46 李璟陵墓门 …………………………………… 54

47 李璟陵前室东壁 ……………………………… 55

48 李璟陵前室西壁 ……………………………… 55

49 李璟陵前室南壁 ……………………………… 55

50 李璟陵前室北壁 ……………………………… 55

51 李璟陵中室东壁 ……………………………… 56

52　李璟陵中室西壁　·························· 56

53　李璟陵中室南壁　·························· 56

54　李璟陵中室北壁　·························· 56

55　李璟陵后室东壁　·························· 57

56　李璟陵后室西壁　·························· 57

57　李璟陵后室南壁　·························· 57

58　李璟陵后室北壁　·························· 57

59　李璟陵各室门洞两壁上下的穴　·········· 60

60　李昪陵出土的尊式陶罐　················· 72

61　李昪陵出土的四耳陶罐　················· 74

62　李璟陵出土的圈足釉陶碗　··············· 76

63　李璟陵出土的带嘴陶罐　················· 80

64　李昪陵出土的小瓷碟　··················· 82

65　李昪陵出土的葵瓣口瓷碟　··············· 82

66　李璟陵出土的葵瓣口瓷碗　··············· 87

67　李璟陵出土的葵瓣口瓷碗　··············· 87

68　李璟陵出土的卷唇小瓷碗　··············· 87

69　李璟陵出土的小瓷碗　··················· 89

70　李璟陵出土的青灰色釉瓷碗　············· 90

71　李璟陵出土的粉底瓷碗　················· 91

72　李璟陵出土的青瓷碗　··················· 94

73　李璟陵前室东南角淤土中出土的陶俑、

陶动物俑和陶座·························· 104

74　李昪陵出土男俑所戴的帽子——道冠状帽　······ 108

75 李昪陵出土男俑所戴的帽子——莲瓣状帽 …… 108

76 李昪陵出土男俑所戴的帽子——方形小帽 …… 108

77 李昪陵出土男俑所戴的帽子——幞头状帽 …… 108

78 李昪陵出土男俑所戴的帽子——风帽 ………… 108

79 李昪陵出土男俑所戴的帽子——冑形帽 ……… 108

80 李昪陵出土男俑所穿的衣服——方领长袍 …… 109

81 李昪陵出土男俑所穿的衣服——方领长袍 …… 109

82 李昪陵出土的穿方领长袍的男俑 ………… 109

83 李昪陵出土的穿圆领长袍的男俑 ………… 109

84 李昪陵出土的穿圆领长袍的男俑 ………… 109

85 李昪陵出土的穿圆领长袍的男俑 ………… 109

86 李昪陵出土的穿战袍的男俑 …………… 110

87 李昪陵出土的穿舞衣的男俑 …………… 110

88 李昪陵出土的穿舞衣的男俑 …………… 110

89 李昪陵出土男俑所穿的各种鞋子 …………… 110

90 李昪陵出土女俑所梳的发髻——单鬟髻 ……… 115

91 李昪陵出土的梳双鬟的女俑 …………… 115

92 李昪陵出土的梳高髻穿广袖直衿外衣的女俑 … 115

93 李昪陵出土的梳高髻穿广袖直衿外衣的女俑 … 115

94 李昪陵出土的梳高髻穿广袖直衿外衣的女俑 … 115

95 李昪陵出土的梳高髻穿广袖直衿外衣的女俑 … 115

96 李昪陵出土的梳高髻穿广袖直衿外衣的女俑 … 115

97 李昪陵出土的梳高髻穿带有披肩

和华袂的外衣的女俑…………………… 115

98　李昪陵出土的梳高髻穿带有披肩

和华袂的外衣的女俑 ……………………… 115

99　李昪陵出土的梳高髻穿带有披肩

和华袂的外衣的女俑 ……………………… 116

100　李昪陵出土的梳高髻穿舞衣的女俑 ………… 116

101　李昪陵出土的梳高髻穿舞衣的女俑 ………… 116

102　李璟陵出土男俑所戴的各种帽子 …………… 122

103　李璟陵出土男俑所穿的方领外衣 …………… 122

104　李璟陵出土男俑所穿的方领外衣 …………… 122

105　李璟陵出土的穿战袍的男俑 ………………… 122

106　李璟陵出土女俑所梳的两种发髻 …………… 122

107　李璟陵出土女俑所穿的外衣 ………………… 122

108　李璟陵出土的穿广袖直衿外衣的女俑 ……… 122

109　李昪陵出土的三种陶座 ……………………… 128

110　李璟陵出土的陶座 …………………………… 132

111　李昪陵出土的第一件石函及其中放置的

哀册的想象图 ……………………………… 145

112　李昪陵出土的第二件石函及其中放置的

哀册的想象图 ……………………………… 150

113　李璟陵出土的玉饰片 ………………………… 159

114　李昪陵出土的铜钥匙 ………………………… 160

115　李昪陵出土的铜镜复原图 …………………… 161

116　李昪陵出土的铜钉帽 ………………………… 161

117　李昪陵出土的大铜钉帽 ……………………… 161

表格目录

表一 李昇陵白瓷片出土情况表·············· 85

表二 李昇陵出土男女陶俑统计表·············· 103

表三 李璟陵出土男女陶俑统计表·············· 104

表四 南唐二陵出土陶动物俑和人首动物身俑统计表··· 123

表五 南唐二陵出土陶座统计表·············· 129

表六 南唐二陵出土的玉、骨、铜、铁等器统计表······ 159

图版目次

1 南唐二陵附近地形图

2 南唐二陵周围地形详图

3 南唐二陵周围地势断面图

（1）二陵所在的高山的断面 …………………… 175

（2）二陵所在的山麓的东西断面 …………………… 175

（3）李昇陵所在的山麓的南北断面 …………………… 175

（4）李璟陵所在的山麓的南北断面 …………………… 175

4 南唐二陵所在的高山和祖堂山全景 …………… 176

5 （1）南唐二陵所在的高山全景 …………………… 177

（2）李昇陵的东侧面和王家坟村全景 …………… 177

6 （1）从高山顶上俯瞰南唐二陵 …………… 178

（2）从高山顶上望牛首山 …………………… 178

7 （1）发掘前的李昇陵 …………………… 179

（2）发掘时在李昇陵墓门外所掘的探沟 ………… 179

（3）李昇陵前室西侧室室顶西南角盗掘

洞封闭后的情况 …………………… 179

（4）李昇陵前室西侧室室顶西南角盗掘

洞打开后的情况 …………………… 179

8　（1）李昪陵墓门外探沟内最早露出的石板 ……… 180

（2）李昪陵墓门外探沟内露出的青石板和

黄石块 ………………………………………… 180

（3）李昪陵墓门外探沟内露出的大石条 ………… 180

（4）工人门利用"滚筒"移去大石条 …………… 180

9　（1）李昪陵墓门外探沟内的记录和绘图工作 …… 181

（2）李昪陵墓门和两侧的挡土墙露出来了 ……… 181

（3）李昪陵前室室顶西南角的盗掘洞 …………… 181

（4）清理李昪陵中室的淤土 …………………… 181

10　（1）李昪陵中室室顶的盗掘洞 ………………… 182

（2）李昪陵中室北壁的盗掘洞 ………………… 182

（3）李昪陵后室被打开的石门（靠西的门扉）…… 182

（4）李昪陵后室被打开的石门（靠东的门扉）…… 182

11　（1）李昪陵后室室顶的巨石条

（已断裂，木撑是后加的）………………… 183

（2）李昪陵后室北壁上部的破坏洞 …………… 183

（3）李昪陵后室北壁棺床后大壁龛

的被破坏部分………………………………… 183

（4）李昪陵后室被破坏的棺床 ………………… 183

12　（1）李昪陵后室西壁靠北小龛内残留

的陶俑下部………………………………… 184

（2）李昪陵后室东面偏南侧室内被打破的石函 … 184

（3）李昪陵后室东面中间侧室内被破坏的地面 … 184

（4）李昪陵后室东面偏北侧室内被破坏的砖台 … 184

13 （1）李璟陵墓门外的探沟 ……………………… 185

（2）李璟陵墓门外探沟内的记录和绘图工作 …… 185

（3）李璟陵墓门外的封石 ………………………… 185

（4）李璟陵墓门的封砌情形 ……………………… 185

14 （1）李璟陵中室被淤土填塞情况 ……………… 186

（2）李璟陵后室北壁大壁龛的被破坏情形 …… 186

（3）李璟陵后室北壁的被破坏情形 …………… 186

（4）李璟陵后室北壁偏东的小龛 ……………… 186

15 李昪陵墓门外的情况

（1）墓门外探沟内的黄石块 …………………… 187

（2）封门的巨大石条（第一层和第二层） ……… 187

（3）第三层大石条和黄石块 …………………… 187

（4）第三层大石条和青石板 …………………… 187

16 李昪陵墓门外的情况和墓门上的斗栱

（1）第四层大石条和黄石块 …………………… 188

（2）第五层大石条和小青石板 ………………… 188

（3）墓门前的砖地和两侧的挡土墙 …………… 188

（4）墓门上的补间铺作 ………………………… 188

（5）墓门西上侧的转角铺作 …………………… 188

（6）墓门东上侧的转角铺作 …………………… 188

17 李昪陵前室的各部分

（1）前室东壁 …………………………………… 189

（2）前室西壁 …………………………………… 189

（3）前室北壁 …………………………………… 189

（4）前室西北角 ……………………… 189

18　李昇陵前室的各部分

　　（1）前室的补间铺作 …………………… 190

　　（2）前室的转角铺作 …………………… 190

　　（3）前室东侧室的门洞 ………………… 190

　　（4）前室东侧室的砖台 ………………… 190

19　李昇陵前室的彩画

　　（1）东南角柱、枋、斗栱上的彩画 …………… 191

　　（2）东壁偏北的柱、枋、斗栱上的彩画 ……… 191

　　（3）西壁偏北的柱、枋、斗栱上的彩画 ……… 191

　　（4）东壁偏北的立枋上的彩画（局部）………… 191

20　李昇陵前室的彩画

　　（1）北壁偏西阑额上的彩画（局部）…………… 192

　　（2）西壁偏北八角形倚柱上的彩画（局部）……… 192

21　李昇陵前室的彩画

　　（1）东壁柱头枋上的彩画（局部）…………… 193

　　（2）东壁阑额与补间铺作上的彩画 ………… 193

22　李昇陵前室的彩画

　　（1）西北角转角铺作上的彩画 ……………… 194

　　（2）南壁柱头铺作上的彩画 ………………… 194

23　李昇陵前室室顶

　　（1）室顶正中 ………………………… 195

　　（2）室顶北部 ………………………… 195

　　（3）室顶东南角 ……………………… 195

（4）室顶西南角 ························· 195

（5）室顶西北角 ························· 195

（6）室顶东北角 ························· 195

24　李昪陵墓门及前室的各部分

（1）墓门门洞东壁的穴 ············· 196

（2）墓门门洞西壁的穴 ············· 196

（3）前室东侧室的室顶（局部） ········· 196

（4）前室的地面 ····················· 196

25　李昪陵中室的各部分

（1）中室东壁 ······················· 197

（2）中室东北角 ····················· 197

（3）中室东南角 ····················· 197

26　李昪陵中室的各部分

（1）中室西壁 ······················· 198

（2）中室西南角 ····················· 198

（3）中室西北角 ····················· 198

27　李昪陵中室的各部分

（1）中室北壁 ······················· 199

（2）中室西侧室 ····················· 199

（3）中室东侧室内的砖台 ··········· 199

28　李昪陵中室的各部分

（1）中室门洞东壁的穴 ············· 200

（2）中室门洞西壁的穴 ············· 200

（3）中室的室顶 ····················· 200

（4）中室的地面 …………………………………… 200

29　李昪陵中室北壁的浮雕武士像

（1）西侧的浮雕 …………………………………… 201

（2）东侧的浮雕 …………………………………… 201

30　李昪陵后室的各部分

（1）后室东壁 ……………………………………… 202

（2）后室东北角 …………………………………… 202

（3）后室东南角 …………………………………… 202

31　李昪陵后室的各部分

（1）后室西壁 ……………………………………… 203

（2）后室西南角 …………………………………… 203

（3）后室西北角 …………………………………… 203

32　李昪陵后室所附六间侧室

（1）东面偏北侧室 ………………………………… 204

（2）东面中间侧室 ………………………………… 204

（3）东面偏南侧室 ………………………………… 204

（4）西面偏南侧室 ………………………………… 204

（5）西面中间侧室 ………………………………… 204

（6）西面偏北侧室 ………………………………… 204

33　李昪陵后室的各部分

（1）后室石门和门上的小龛 ……………………… 205

（2）后室北壁的壁龛和棺床 ……………………… 205

（3）后室的柱头铺作 ……………………………… 205

（4）后室的转角铺作 ……………………………… 205

34　李昪陵后室的室顶和地面

　　（1）室顶的叠涩和天象图（西面局部）········· 206

　　（2）室顶的叠涩和天象图（东面局部）········· 206

　　（3）地面上所凿的河流曲折之状（西面局部）····· 206

　　（4）地面上所凿的河流曲折之状（东面局部）····· 206

35　李昪陵中室室顶的外部构造和室顶上封土中的覆碗层

　　（1）室顶东部的外部构造 ················· 207

　　（2）东侧室室顶的外部构造 ··············· 207

　　（3）封土中覆碗层之一 ················· 207

　　（4）封土中覆碗层之二 ················· 207

36　李昪陵后室室顶的外部构造和室顶上封土中的覆碗层

　　（1）室顶东部的外部构造（局部）··········· 208

　　（2）东面侧室室顶的外部构造（局部）········· 208

　　（3）封土中覆碗层之一 ················· 208

　　（4）封土中覆碗层之二 ················· 208

37　李昪陵建筑用的各种砖

　　（1）楔形砖 ······················· 209

　　（2）长方形薄砖 ···················· 209

　　（3）长方形厚砖的侧面 ················· 209

　　（4）长方形厚砖的一端 ················· 209

38　李璟陵墓门外的情况

　　（1）墓门上的封石和墓门外的石块 ·········· 210

　　（2）墓门外的大小石块 ················· 210

　　（3）墓门外的第一层青石板 ·············· 210

（4）墓门外的第二层青石板 ·················· 210

39　李璟陵墓门外的情况

（1）墓门外的石墙 ······················ 211

（2）墓门外的第三层青石板 ·············· 211

（3）墓门外的第三层青石板（俯视） ········ 211

（4）墓门的封石 ························ 211

40　李璟陵的墓门

（1）墓门及其封砖 ······················ 212

（2）清理后的墓门 ······················ 212

（3）墓门门洞西壁的穴 ·················· 212

（4）墓门门洞东壁的穴 ·················· 212

41　李璟陵前室的各部分

（1）从前室西侧室看前室东壁 ············ 213

（2）前室东壁（局部） ·················· 213

（3）从前室东侧室看前室西壁 ············ 213

（4）前室西壁（局部） ·················· 213

42　李璟陵的内部

（1）从墓门看前室 ······················ 214

（2）从前室看中室和后室 ················ 214

（3）前室室顶 ·························· 214

（4）前室西侧室的砖台 ·················· 214

43　李璟陵中室的各部分

（1）从前室看中室东壁 ·················· 215

（2）中室东壁（局部） ·················· 215

（3）从前室看中室西壁 ……………………… 215

（4）中室西壁（局部） ……………………… 215

（5）中室室顶 ………………………………… 215

（6）中室西侧室的砖台 ……………………… 215

44　李璟陵后室的各部分

（1）后室室顶 ………………………………… 216

（2）后室的石棺床及地面 …………………… 216

（3）后室东壁北部 …………………………… 216

（4）后室东壁局部及侧室 …………………… 216

（5）后室西壁南部 …………………………… 216

（6）后室西壁局部及侧室 …………………… 216

45　李璟陵的斗拱

（1）墓门上的补间铺作 ……………………… 217

（2）前室东南角的柱头铺作和转角铺作 …… 217

（3）后室西南角的三种铺作 ………………… 217

（4）后室东壁的补间铺作 …………………… 217

46　李璟陵的各种砖

（1）长方形厚砖 ……………………………… 218

（2）楔形砖 …………………………………… 218

（3）带文字的砖——"千（？）秋"二字 …… 218

（4）带文字的砖——"万（？）岁"二字 …… 218

（5）带文字的砖——"池腾"二字 ………… 218

47　李昇陵出土的陶器

（1）尊式陶罐之一 …………………………… 219

（2）尊式陶罐之二 …………………………………… 219

（3）尊式陶罐残底上的文字——"高信"二字 … 219

（4）尊式陶罐残底上的文字拓片 …………………… 219

48　李昪陵出土的陶瓷器

（1）四耳带釉陶罐 …………………………………… 220

（2）棕色釉带嘴陶器 ………………………………… 220

（3）棕色釉带嘴陶器把上模印的

文字——"大吉利"三字 ………………………… 220

（4）小瓷碟之一 ……………………………………… 220

（5）小瓷碟之二 ……………………………………… 220

49　李昪陵出土的釉陶器

（1）叠烧的釉陶碗残底 ……………………………… 221

（2）平底釉陶碗之一 ………………………………… 221

（3）平底釉陶碗之二 ………………………………… 221

（4）平底釉陶碗之二（俯视） ……………………… 221

（5）平底釉陶碗之三 ………………………………… 221

50　李昪陵出土的釉陶器

（1）平底釉陶碗底部（带托珠的痕迹）…………… 222

（2）平底釉陶碗内的托珠 …………………………… 222

（3）平底釉陶碗内的托珠 …………………………… 222

（4）平底釉陶碗内的托珠 …………………………… 222

51　李璟陵出土的瓷器

（1）葵瓣口碗之一 …………………………………… 223

（2）葵瓣口碗之二 …………………………………… 223

（3）小瓷碗 ·················· 223

（4）青灰色釉瓷碗 ·················· 223

（5）粉底碗 ·················· 223

（6）青瓷碗 ·················· 223

52　李昇陵出土的男俑

（1）—（3）拱立俑（正、侧、背三面） ·············· 224

（4）—（6）捧兽俑（正、侧、背三面） ·············· 224

53　李昇陵出土的男俑

（1）、（2）拱立俑 ·················· 225

（3）持剑俑 ·················· 225

（4）、（5）抱卷俑（正、侧两面） ·············· 225

（6）披甲持剑俑残部 ·················· 225

54　李昇陵出土的男俑

（1）—（3）持圭形盾武士俑（正、侧、背三面） ··· 226

55　李昇陵出土的男俑

（1）—（3）持圆形盾武士俑（正、侧、背三面） ··· 227

56　李昇陵出土的男俑

（1）—（3）作持物状俑（正、侧、背三面） ········· 228

（4）—（6）作持物状俑（正、侧、背三面） ········· 228

57　李昇陵出土的男俑

（1）—（3）作持物状俑 ·················· 229

（4）—（6）作持物状俑（正、侧、背三面） ········· 229

58　李昇陵出土的男俑

（1）—（3）持物俑（正、侧、背三面） ·············· 230

（4）—（6）持物俑（正、侧、背三面）……………… 230

59　李昇陵出土的男俑

（1）持物俑之一 ………………………………………… 231

（2）持物俑之二 ………………………………………… 231

（3）持物俑之三 ………………………………………… 231

（4）持物俑之四 ………………………………………… 231

60　李昇陵出土的男俑

（1）—（3）戴"王"字帽俑（正、侧、背三面）…… 232

（4）—（6）戴莲瓣状帽俑（正、侧、背三面）…… 232

61　李昇陵出土的男俑

（1）—（3）戴风帽俑（正、侧、背三面）………… 233

（4）—（6）戴胄形帽俑（正、侧、背三面）……… 233

62　李昇陵出土的男俑

（1）—（3）伶人俑（正、侧、背三面）…………… 234

（4）—（6）伶人俑（正、侧、背三面）…………… 234

63　李昇陵出土的男俑

（1）—（4）伶人俑 …………………………………… 235

64　李昇陵出土的男俑

（1）舞蹈俑之一 ………………………………………… 236

（2）舞蹈俑之二 ………………………………………… 236

65　李昇陵出土的男俑

（1）、（2）舞蹈俑之一（右侧、背面）…………… 237

（3）舞蹈俑之二（左侧）……………………………… 237

（4）—（6）舞蹈俑之三（正、侧、背三面）……… 237

66 李昇陵出土的女俑

（1）—（4）大型拱立俑 ……………………………… 238

67 李昇陵出土的女俑

（1）—（4）大型拱立俑 ……………………………… 239

68 李昇陵出土的女俑

（1）—（3）大型拱立俑（正、侧、背三面）……… 240

（4）—（6）大型拱立俑 ……………………………… 240

69 李昇陵出土的女俑

（1）—（4）大型拱立俑 ……………………………… 241

70 李昇陵出土的女俑

（1）—（3）中型拱立俑（正、侧、背三面）……… 242

（4）—（6）中型拱立俑（正、侧、背三面）……… 242

71 李昇陵出土的女俑

（1）—（3）中型拱立俑（正、侧、背三面）……… 243

（4）—（6）中型拱立俑（正、侧、背三面）……… 243

72 李昇陵出土的女俑

（1）—（3）中型拱立俑 ……………………………… 244

（4）—（6）梳双髻的拱立俑（正、侧、背三面）… 244

73 李昇陵出土的女俑

（1）—（3）双手叠置胸前的持物俑

（正、侧、背三面）……………………………… 245

（4）—（6）双手叠置胸前的持物俑

（正、侧、背三面）……………………………… 245

74 李昇陵出土的女俑

（1）—（3）双手叠置胸前的持物俑 ……………… 246

（4）—（6）双手分置胸前的持物俑 ……………… 246

75 李昇陵出土的女俑

（1）—（3）双手分置胸前的持物俑 ……………… 247

（4）—（6）双手分置胸前的持物俑 ……………… 247

76 李昇陵出土的女俑

（1）—（3）双手分置胸前的持物俑 ……………… 248

（4）—（6）双手分置胸前的持物俑

（正、侧、背三面） ………………………………… 248

77 李昇陵出土的女俑

（1）—（6）双手分置胸前的持物俑 ……………… 249

78 李昇陵出土的女俑

（1）—（3）盛装女俑之一（正、侧、背三面） …… 250

79 李昇陵出土的女俑

（1）—（3）盛装女俑之二（正、侧、背三面） …… 251

80 李昇陵出土的女俑

（1）—（3）盛装女俑之三（正、侧、背三面） …… 252

81 李昇陵出土的女俑

（1）—（3）舞蹈俑之一（正、侧、背三面） ……… 253

82 李昇陵出土的女俑

（1）舞蹈俑之二 ………………………………… 254

（2）舞蹈俑之三 ………………………………… 254

83 李昇陵出土的女俑

（1）、（2）舞蹈俑之二（侧、背二面） …………… 255

（3）、（4）舞蹈俑之三（侧、背二面） ·············· 255

84 李璟陵出土的男俑

（1）—（3）捧笏俑（正、侧、背三面） ·············· 256

（4）—（6）捧笏俑 ············· 256

85 李璟陵出土的男俑

（1）捧笏俑 ················· 257

（2）、（3）捧笏俑（正、侧二面） ·············· 257

86 李璟陵出土的男俑

（1）—（3）抱卷俑（正、侧、背三面） ·············· 258

87 李璟陵出土的男俑

（1）—（3）持棒俑（正、侧、背三面） ·············· 259

88 李璟陵出土的男俑

（1）—（3）持剑俑（正面和两侧面） ·············· 260

89 李璟陵出土的男俑

（1）、（2）持圭形盾武士俑（正、背二面） ·········· 261

90 李璟陵出土的男俑

（1）—（3）持圆形盾武士俑（正、侧、背三面） ··· 262

91 李璟陵出土的男俑

（1）—（3）持物俑（正、侧、背三面） ·············· 263

（4）—（6）持物俑（正、侧、背三面） ·············· 263

92 李璟陵出土的男俑

（1）—（3）戴风帽俑（正、侧、背三面） ·············· 264

93 李璟陵出土的女俑

（1）—（3）拱立俑（正、侧、背三面） ·············· 265

（4）—（6）梳双髻的拱立俑（正、侧、背三面） … 265

94　李璟陵出土的女俑

（1）—（3）残女俑（正、侧、背三面）　…………　266

（4）—（6）持物俑（正、侧、背三面）　………　266

95　李璟陵出土的女俑

（1）—（3）持物俑　…………………………　267

96　（1）李昇陵出土男俑头部的空洞　…………　268

（2）李昇陵出土的插在男俑颈部的小陶杆　………　268

（3）李昇陵出土男俑颈部的空洞　…………　268

（4）李昇陵出土男俑体内的空洞　…………　268

（5）、（6）李昇陵出土男俑的底部　…………　268

（7）李璟陵出土男俑的底部　…………………　268

（8）李昇陵出土女俑的底部之一　…………　268

97　（1）、（2）李昇陵出土女俑的底部之二、三　…　269

（3）李昇陵出土女俑的底部——刻有

“左三”二字　…………………………　269

（4）李昇陵出土女俑的底部——刻有“笔”字　……　269

（5）李昇陵出土女俑身部的画花痕迹　…………　269

（6）李昇陵出土女俑的底部　…………　269

98　李昇陵出土的陶动物俑

（1）骆驼之一（正面）　…………………　270

（2）骆驼之一（侧面）　…………………　270

（3）骆驼之二（侧面）　…………………　270

（4）骆驼之二（又一侧面）　…………　270

99　李昪陵出土的陶动物俑

（1）骆驼之三（正面）　······················　271

（2）骆驼之三（侧面）　······················　271

（3）骆驼之四（正面）　······················　271

（4）骆驼之四（侧面）　······················　271

（5）马之一（侧面）　·······················　271

100　李昪陵出土的陶动物俑

（1）马之二（正面）　·······················　272

（2）马之二（侧面）　·······················　272

（3）马之三（正面）　·······················　272

（4）马之三（侧面）　·······················　272

101　李昪陵出土的陶动物俑

（1）、（2）鸡（正面和侧面）　···············　273

（3）、（4）蛙（背面和侧面）　···············　273

102　李璟陵出土的陶动物俑

（1）鸡　······························　274

（2）狗　······························　274

（3）、（4）蛙（正面和侧面）　···············　274

103　李璟陵出土的陶动物俑

（1）、（2）狮（正面和侧面）　···············　275

104　李璟陵出土的陶动物俑

（1）、（2）狮（侧面和正面）　···············　276

105　李璟陵出土的陶动物俑

（1）—（3）狮类兽（正面和两侧面）　·········　277

106 李昇陵出土的陶人首动物身俑

　（1）人首蛇身俑　…………………………………… 278

　（2）、（3）双人首蛇身俑　………………………… 278

107 李昇陵出土的陶人首动物身俑

　（1）、（2）人首鱼身俑之一（正面和侧面）　…… 279

　（3）人首鱼身俑之二（侧面、带座）　…………… 279

　（4）、（5）双人首龙身俑（正面和侧面）　……… 279

108 李璟陵出土的陶人首动物身俑

　（1）、（2）人首鱼身俑之一（正面和侧面）　…… 280

　（3）、（4）人首鱼身俑之二、三　………………… 280

109 李璟陵出土的陶人首动物身俑

　（1）、（2）双人首龙身俑（侧面和斜侧面）　…… 281

　（3）、（4）人首龙身俑（正面和侧面）　………… 281

110 李昇陵出土的陶座

　（1）窄面陶座　…………………………………… 282

　（2）宽面陶座　…………………………………… 282

　（3）阶状陶座　…………………………………… 282

　（4）陶鸡座　……………………………………… 282

　（5）陶兽座　……………………………………… 282

111 （1）李昇陵陶俑和陶座的出土情况　………… 283

　（2）李璟陵陶俑、陶动物俑和陶座的出土情况 … 283

　（3）李昇陵出土的石函之一　…………………… 283

　（4）李昇陵出土的石函之二　…………………… 283

　（5）李昇陵出土的粘有玉哀册的铁块　………… 283

112　李昇陵出土的玉哀册 6 片 ……………………… 284

113　李昇陵出土的玉哀册 6 片 ……………………… 285

114　李昇陵出土的玉哀册 6 片 ……………………… 286

115　（1）—（3）李昇陵出土的玉哀册 …………… 287

　　（4）、（5）李璟陵出土的石哀册 …………… 287

116　（1）、（2）李昇陵出土的玉饰片 …………… 288

　　（3）、（4）李昇陵出土的玉饰片拓片 ……… 288

　　（5）李璟陵出土的玉饰片 …………………… 288

　　（6）李璟陵出土的骨珠 ……………………… 288

117　（1）李昇陵出土的铜钥匙 ………………… 289

　　（2）李昇陵出土的鎏金铜饰件 …………… 289

　　（3）李昇陵出土的铜镜残片 ……………… 289

　　（4）李昇陵出土的铜钉帽 ………………… 289

　　（5）李昇陵出土的大铜钉帽 ……………… 289

　　（6）李璟陵出土的铜钱——"开元通宝"钱 …… 289

118　（1）李昇陵出土的大铁钉 ………………… 290

　　（2）李昇陵出土的铁片和各种铁钉 ……… 290

　　（3）李昇陵出土的漆皮 …………………… 290

　　（4）李昇陵出土的朽木块 ………………… 290

119　李昇陵中室北壁的浮雕武士像的细部

　　花纹拓片 ……………………………………… 291

120　李昇陵中室北壁的浮雕武士像的细部

　　花纹拓片 ……………………………………… 292

121　（1）李昇陵中室北壁上的双龙攫珠的浮雕拓片

（2）李昪陵后室棺床上的浅浮雕拓片

122 李昪陵后室棺床侧面的龙像浮雕拓片

123 （1）、（2）李昪陵出土的玉哀册拓片 ……………… 293

124 （1）、（2）李昪陵出土的玉哀册拓片 ……………… 294

125 （1）、（2）李昪陵出土的玉哀册拓片 ……………… 295

126 （1）、（2）李昪陵出土的玉哀册拓片 ……………… 296

127 （1）、（2）李昪陵出土的玉哀册拓片 ……………… 297

128 （1）、（2）李昪陵出土的玉哀册拓片 ……………… 298

129 （1）、（2）李昪陵出土的玉哀册拓片 ……………… 299

130 （1）、（2）李昪陵出土的玉哀册拓片 ……………… 300

131 （1）、（2）李昪陵出土的玉哀册拓片 ……………… 301

132 （1）、（2）李昪陵出土的玉哀册拓片 ……………… 302

133 （1）、（2）李昪陵出土的玉哀册拓片 ……………… 303

134 （1）—（12）李璟陵出土的石哀册拓片 ……… 304

135 （1）—（4）李璟陵出土的石哀册拓片 ………… 305

136 李昪陵墓门的彩画

（1）柱头枋靠西的一段 ……………………… 306

（2）阑额东段 ……………………………… 306

137 李昪陵墓门的彩画

（1）靠西的转角铺作 ……………………… 307

（2）靠东的转角铺作 ……………………… 307

138 李昪陵前室的彩画

（1）东壁偏南的八角形倚柱 ……………… 308

（2）东南角的八角形转角倚柱 …………… 308

139　李昪陵前室的彩画

　　（1）东壁偏北的立枋　……………………………　309

　　（2）南壁偏东的矩形倚柱　………………………　309

140　李昪陵前室的彩画

　　（1）东壁偏北的八角形倚柱　……………………　310

　　（2）东北角的八角形转角倚柱　…………………　310

141　李昪陵前室和后室的彩画

　　（1）前室西壁柱头枋偏北的一段　………………　311

　　（2）后室东壁阑额靠北的一段

　　（附轮廓线复原图）　……………………………　311

　　（3）后室东壁偏北的柱头铺作　…………………　311

142　李昪陵后室的彩画

　　（1）东北角的八角形转角倚柱　…………………　312

　　（2）东北角的八角形转角倚柱的复原图　………　312

143　李昪陵后室室顶上的天象图　…………………　313

144　李璟陵墓门上的彩画——阑额偏东的一段　……　314

插页 1　李昪陵墓门上的彩画

插页 2　李昪陵前室东壁的彩画

第一章　地理环境及发现和发掘的经过

第一节　地理环境

　　南唐二陵位于江苏省江宁县东善镇西北高山的南麓,北距南京中华门22公里,东距幽栖寺1公里,东南距东善桥4公里,西南距王家坟村半公里,西北距板桥镇8公里。东边有宁(南京)丹(江宁县丹阳镇)公路经过东善桥,西边有宁芜(芜湖)铁路经过板桥镇。东善桥原有一条公路经王家坟村到板桥镇,抗日战争中敌人利用这条公路的路基,修建了一条由秣陵关到板桥镇、专为劫运铁矿石用的铁路。日寇投降后,铁轨和枕木都已拆去,但路基犹存,可勉强通行汽车。又从宁丹公路上的大定坊,经马家店、周村、三板桥到墓地约9公里,为一条古老的人行道(插图1;图版1)。

　　高山东连祖堂山,东

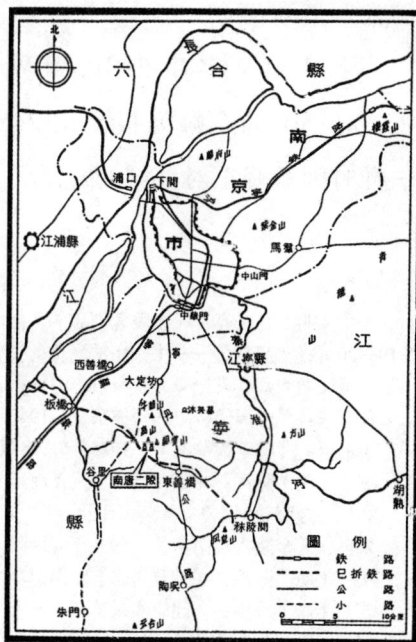

插图1　南唐二陵位置图

南连小红山，西连北冈山，北连象山以达牛首山，在高山东南的一座大山名吉山，西南的一座小山名观山，其中祖堂山与牛首山均为南京郊外有名的大山（图版1、4、5:1、6:2）。

祖堂山海拔高度258米，原名幽栖山。相传唐贞观十七年（公元643年），有法融和尚（公元594—657年）来此修行，后来得禅宗四祖道信和尚的传授，创立牛头禅（又称牛头宗），法融为此一宗派的第一祖，故山名改祖堂山。①山的北岭稍下有献花岩，相传为法融禅师当年修戒定处。②山的南麓有幽栖寺、祖师洞、拜经台等古迹。幽栖寺始建于南朝宋大明三年（公元459年），杨吴时改称延寿院，③现在的寺是清末重建的。幽栖寺前面的山脚下有一条小河，经东善桥往东流入秦淮河。

牛首山又名牛头山，因两峰角立，望之若牛头（图版6:2）。④山的东峰海拔高度248米，西峰海拔高度225米。东晋时因双峰正对都城的宣阳门，所以王导指之，称为天阙。⑤

---

① （明）葛寅亮：《金陵梵刹志》，金山江天寺影印本，1936年10月出版，卷33第19—20页；《高僧传——牛头山法融传》，卷33第21—27页；（唐）刘禹锡：《牛头山第一祖法融大师新塔记》，卷44第1—3页；《传灯录——法融禅师传略》。

黄忏华：《中国佛教史——禅宗》，1940年3月商务印书馆出版，第299—300页。

丁福保：《佛学大辞典》，1925年6月出版，第720页。

② （明）陈沂：《献花岩志》，《南京文献》第二号，1947年2月出版，第2页。

③ 《金陵梵刹志》，卷44第1页。

朱偰：《金陵古迹图考》，1936年8月商务印书馆出版，第266页。

④ （明）陈沂：《献花岩志》，第2页。

⑤ （唐）许嵩：《建康实录》："时议欲立石阙于宫门，未定，后（王）导随驾出宣阳门，乃遥指牛头峰为天阙，中宗从之。"光绪二十八年金陵甘氏桑泊草堂刊本，卷7第21页。

梁天监间(公元502—519年),司空徐度建佛窟寺于山中;唐贞观时法融禅师曾说法于此山,牛头宗因此得名。[①]南唐时烈祖李昪因寺荒废,曾加以兴修;[②]后主李煜又在此山"造寺千余间"[③]。今所存的尚有普觉寺、舍利塔、辟支塔等古迹,二塔原为唐宋时建,经后世重修,普觉寺则是清末修建的。

二陵所在的高山周围约1平方公里,主峰海拔高度214米,自海拔150米以上为陡峻的山峰,岩石大部外露,下至山腰而坡度较缓。满山均生茅草,无树木及耕地,山脚下有农田,种水稻(图版5:1)。

烈祖李昪的钦陵在高山的南麓上,当海拔65米的地方,隆起一个高约5米、直径30米的圆形土墩,当地人称之为太子墩,墓室即在此土墩下(图版2、3:1、3:3、5、6:1)。

中主李璟的顺陵在钦陵西边稍微偏北的山麓上,中隔一山沟,距钦陵约50米,比钦陵低5米。此系倚山为坟,其北面和西面均与山相连,所以土墩的形状不如钦陵的显著。在此陵的南面和西南面,有人工堆成的土埂,可能是当时茔域的周界(图版2、3:2、3:4、5)。

二陵皆背依大山,山左右环抱,当地人称其形势似"太师椅"(图版2)。墓门皆南向,钦陵偏西9度,顺陵偏东5度。二陵皆遥对远处海拔342米的云台山主峰,其背后隔山又为

---

① 《金陵梵刹志》,卷33第1页。

② 《金陵梵刹志》,卷33第5页,(明)姚广孝《牛首山佛窟寺建佛殿记略》:"按南唐保大四年碑,佛窟荒,事垂二百余年莫偶,檀信李先主惜其胜概,乃兴修焉。"

③ (宋)陆游:《南唐书——浮屠契丹高丽列传》,汲古阁本,卷18第3页。

牛首山的双峰,所谓"背倚天阙,面矗云台",形势极为优胜。

在顺陵的西南,有一东西长 80 米、南北宽 50 米的平台,台的北面和东面均有长埂围着。据当地农民说,过去曾有人在台上开荒种田,掘出三块础石。现在台面上还偶尔发现瓦砾与白瓷片,后者的质料与墓内出土的白瓷片相同。最近又有人在台上开荒,掘出数量不少的砖头,砖的大小形制与二陵所出的长方形薄砖相同。根据以上事实,我们推测当时在这台上曾建过宏丽的寝殿(图版 2)。

平台的南面为稻田,仅 50 米宽,即为山冈所阻。但平台的西南,地势平坦,直到王家坟村,均是一片稻田。按古代陵寝前必有神道,二陵的神道,可能即在此平坦的原野上,与三板桥到大定坊的古道相接。但此一带无遗迹存留,只观山之西有环连村,当地人读为环陵村,或与二陵有关(图版 1、2、5:2)。

在平台西北 70 米的平地上,有明太子太保兵部尚书王以旂墓。王以旂是嘉靖三十三年(公元 1554 年)葬的,墓早已被盗掘,只残存墓前的石碑一对,其中一碑已仆倒,石武士像一对,石文吏像一个(图版 2)。

此地山川佳胜,合乎古人所谓"佳城郁郁"的说法,其周围的祖堂山和牛首山,又自南朝以来为佛教兴盛之地。南唐三主均好迷信,尤崇佛法,选择此处为葬地,是很自然的。

第二节　发现和发掘的经过

关于南唐二陵——李昪陵和李璟陵——的所在地,在过去许多记载中都是不具体的。宋代马令所著《南唐书》^①和陆游所著《南唐书》^②都只记载了李昪和李璟的丧葬年月以及他们的陵名，而没有指出陵墓的具体所在地。清代吴任臣所著的《十国春秋》^③和朱孔阳所辑的《历代陵寝备考》^④两书中有关二陵的记载也是如此。只有清末张璜所绘的《金陵陵墓古迹全图》中有一段说明说："南唐李氏烈祖光文肃武孝高皇帝昪、元敬宋皇后葬永陵，在镇江府丹徒县东二十五里；元宗明道崇德文宣孝皇帝璟、光穆钟皇后葬顺陵，在江宁境；后主煜，陵在洛阳北邙山。"^⑤但这图作者把李昪陵和李昪的养父徐温的墓葬搞混了。据《历代陵寝备考》卷三十四记载，丹徒县东二十五里的那座墓葬应该是徐温的，而不是李昪的。^⑥至于李璟陵，这图说在江宁境，是说对了，但没有明确指出它在江宁县哪块地方。因此，所有这些记载对我们在查考南唐二陵位置时的帮助是不大的。

解放以后，经过南京博物院和南京市文物保管委员会一系列的调查和发掘工作，这个问题才搞清楚了。原来南唐二陵都是在江宁县牛首山附近的高山南麓。兹分别就发现和发掘的经过报告如下。

---

① 马令：《南唐书》卷一和卷二。
② 陆游：《南唐书》卷一和卷二。
③ 吴任臣：《十国春秋》卷十六和卷十七。
④⑥ 朱孔阳：《历代陵寝备考》卷三十四。
⑤ 张璜：《金陵陵墓古迹全图》。

一 发现和调查的经过

1950 年春天，江宁县牛首山附近发生了古墓被盗掘的事件。有些被盗出的文物，流到南京古董商人的手中。南京市文物保管委员会得悉这一事件后，就立即向南京市人民政府报告。市人民政府一方面通知当地政府，禁止坏分子继续盗掘；一方面指示文物保管委员会联合南京博物院前往实地调查。

调查小组在 5 月 1 日出发，当天就调查了牛首山附近的水阁村、段石村和祖堂山等三处古墓。其中祖堂山的古墓就是我们报告中所叙述的南唐开国皇帝李昇的陵墓（图版 7v1 ）。当时这墓的情况是：前室西侧室室项的西南角被掘了一个才容人出入的小洞（图版 7：4 ），前室内半积淤土，但枋、柱、斗栱上的彩绘还很清楚；中室积满淤土，只掘开了一条通向后室的孔道；后室的石门已被打开，室内淤土颇多，而且潮湿异常，不能进去。调查小组在那时虽然还不知道这墓的确切年代和墓主的身份，但从墓的结构及其彩画看来，已经认识到它在考古学上的重要性。因此，一面把调查结果报告给中央文化部文物局和南京市人民政府，一面就立即进行了盗掘洞的封闭工作。在江宁县东善镇人民政府的协助下，这项工作很快地就完成了（图版 7：3 ）。

中央文化部文物局接到调查报告后，肯定了这墓的发掘价值，就指示南京博物院前往清理。同年 10 月，南京博物院组织了田野工作团前往墓地作正式的发掘工作。

二 发掘的经过

1950年10月6日,南京博物院田野工作团到达墓地,并在祖堂山下的幽栖寺设立了工作站。经过一天的墓地勘察以后,10月8日起就开始作发掘工作。当时参加工作的有南京博物院的工作人员8人,南京市文物保管委员会的工作人员1人和当地民工16人。

下面分别叙述二陵的发掘经过。

〔一〕李昪陵的发掘经过

这墓的发掘时间是从1950年10月8日开始的,到1951年1月21日结束。在工作步骤上,我们首先是在墓门外掘了一条长8米、宽4米的探沟(图版7:2),它的方向和大小是根据我们从盗掘口进入墓内所测出的。

工作进行到第5天,探沟里就露出了堆积在墓门外上部的3层青石板(图版8:1)。以后,探沟里又陆续露出了5层青石版和许多形状不规则的黄石块(图版8:2。这种黄石在地质学上属安山岩,又名麻石)。

到第12天,墓门两侧挡土墙的墙顶露出来了。接着,又露出了5层堵塞在墓门外的大石条(图版8:3)。这5层大石条共计29块,每块的重量达2—3吨。因此,怎样移走这些大石,就成为我们发掘工作团所面对的主要难题之一。

在开始搬移这些大石条的时候,由于我们缺乏经验,就特地从南京城内请了石工来帮忙。但在4天内只移走了第一层的5块大石条,在时间和经费上都不够节约。因此,从搬移第二层大石条起,就由工作人员和民工们自己动脑筋钻研,创用了一种"滚筒"的办法:即在向外倾斜的探沟内铺上长木板,用废弃了的、长约70厘米、直径6.5厘米铁质的自来水管四、五节横放在上面,然后用大铁钎把大石条掀在铁管上,利用圆管的滚动和绳索的拉力,把大石条拉出探沟外(图版8:4)。由于使用了这种新方法,结果就在一个星期内把其余4层共24块大石条全部移走,节约了12个工作日和100多万元(旧人民币)的发掘经费。

工作进行到第30天,墓门就整个呈现在我们的面前(图版9:2),墓门前的席纹砖地,也清楚地露出来了(图版16:3)。这时工作就转入第二阶段——墓室内部的清理工作。

室内清理工作中所遇到的主要问题,就是淤土的处理问题。我们比较了前、中、后各室的淤土的多寡,考虑到输土的方便,决定采取先清理中室、次清理后室、最后清理前室的程序。

在中室和它的东西侧室,我们差不多清理了40立方米的淤土,它都是从中室顶的盗掘洞(图版10:1)积年累月地渗漏下来的,在室内堆积得差不多上达室顶。由于淤土的浸染,枋、柱和斗栱上的彩画都被剥蚀殆尽了。但另一方面却因而保存了一批较完整的陶俑。

中室的淤土清理完毕后,就露出了北壁上的盗掘洞(图版10:2)和双龙及武士的浮雕(图版27:1)。

为了工作上的方便,我们就中室北壁的盗掘口以及中室与后室之间的过道将封砌的石块拆去一部分,成为进入后室的通道。在过道内靠石门槛的地方,发现铜钉帽和朽木块等。

后室的两扇石门都被盗掘者打坏了。靠东一扇的西上角已被打下，靠西的一扇则被推向后室室内，不能恢复正常的开阖功用了（图版10:3、4）。后室的北壁上部、棺床、壁龛和地面等也被盗掘者严重地破坏了。北壁上部被打成一个洞（图版11:2）；棺床原是6块大石合成，现在只有4块完整的（图版11:4）；棺床后的大壁龛和四壁上的小龛也大部被打毁（图版11:3、12:1）；原来青石板铺成的地面约有三分之一被掘毁了。室顶的巨大石条已出现断裂现象，摇摇欲坠（图版11:1）。

后室和它的六间侧室的淤土较少，约30立方米左右，淤土中还夹有碎石块，其来源是盗掘者从地面下、棺床后等处掏出来的，大概他们是想从这些地方获得更多的珍宝。淤土都堆积在室的四角和棺床上下，其中包含着残破的陶俑、破碎的陶器以及漆皮和铁钉等。东边的三间侧室也受到了破坏（图版12:2—4），在偏南的一间侧室内，我们清理出两件石函，一件断成两段，一件断成三段，又清理出20多片刻着字的玉质哀册。由于这批哀册的发现，才肯定了墓的时代和墓主的身份。

后室和它的侧室清理完毕后，我们又回过头来清理前室。前室和它的东西侧室的淤土约有20立方米，是从前室顶的西南角的盗掘洞渗漏下来的（图版9:3）。由于它堆积在室内较浅，所以它对于建筑彩画的浸蚀程度没有中室那样严重。淤土内也包含一些陶俑，但数量没有中室和后室所发现的多。此外，还发现了一柄铜制的大钥匙。

到第 66 个工作日,室内的清理工作就全部结束了。

与此同时,为了进一步了解墓室外面结构的情况,我们分别在中室和后室室顶封土的东半部各开了一条探沟,长各 5 米,宽各 1.5 米。在探明了室顶外部的结构并绘图、照像以后,就把探沟重行填平。

第三阶段的工作主要是绘制墓的结构图、临摹彩画、照像、制拓片等工作。参加这一阶段工作的人员除南京博物院的干部外,还有南京大学艺术系的 6 位同学。这一阶段工作是和李璟陵的发掘工作同时进行的,所以时间拉得较长,到第 89 个工作日,即 1951 年 1 月 21 日才和李璟陵的清理工作同时结束。

总计这墓的发掘时间共进行了三个月,用工 1200 个。

〔二〕李璟陵的发掘经过

当李昪陵发掘工作的第一阶段将近结束时,我们根据附近的地形,推测在李昪陵西面山坡的尽头,也有一座相类似的墓葬。因此,就在 1950 年 11 月 8 日,抽调了一部分工作人员和民工前往发掘。我们假定它的方向和李昪陵相同,先在山坡尽头的南部开了一条长 5 米、宽 2 米的探沟,来求得墓门的所在。

工作进行到第 11 天,探沟内距墓顶封土面垂直深度 3.6 米处露出了一层平铺的青石板,证明它的确是一座墓葬。但当时我们不知道这就是前室西侧室的室顶,误认为是前室东侧室的室顶,就把探沟向西延宽了,这样就走了一段弯路,到第 20 天上,才把墓门的范围弄清楚(图版 13∶1)。

工作进行到第 29 天,墓门两侧的挡土墙的墙顶和平铺在墓门外的第一层青石板露了出来(图版 13:2)。此后,又露出了几层同样的青石板和黄石块(图版 13:3),我们几乎用了 10 个工作日,才把这些石板和石块移走。到第 40 天,墓门就全部露出来了(图版 13:4)。由于建墓时是用石灰浆和糯米汁等物来浇灌在墓门和封门石板之间的,所以墓门上的彩画都模糊不清了。①

室内清理工作的程序是采取了前、中、后三室顺序进行的方式。前室和它的东西侧室的淤土最多,达 45 立方米,是从前室顶正中盗掘洞渗漏下来的(图版 42:3),几乎把全室都填满了。中室和它的东西侧室的淤土较前室略少,约 40 立方米,也是从中室顶正中盗掘洞渗漏下来的(图版 14:1)。后室和它的侧室没有盗掘洞,所以淤土较少,约 15 立方米,多半是从中室和室内棺床后壁被破坏部分渗漏进来的(图版 14:2、3)。从这三室的淤土内,都清理出数量不多的男女陶俑、陶动物俑和陶座等。在后室还清理出 40 多块石质的哀册,从哀册的文字看来,这墓是李璟的陵墓(参看第五章)。

由于淤土填塞的原故,三室墙壁的外层均已剥落,没有完整的彩画可供临摹,同时这墓也没有浮雕的石刻须制拓片,所以室内清理工作结束后的第三天,就完成了这墓的绘图和照像工作。

---

① 二陵封墓门及涂墙壁外层均用糯米汁和石灰浆,是两位老泥水匠从门缝中和墙壁上脱落下的碎片看出来的。

总计这墓的发掘工作，从 1950 年 11 月 8 日开始，到 1951 年 1 月 20 日结束，共进行了 59 个工作日，用工约 800 个。

三　出土文物展览和墓地的保护工作

在发掘工作结束后，我们把部分出土文物运到东善镇小学展览一天，并开放墓地两天，远近农民来参观的有 5000 人左右。对于开展当地的群众性的文物保护工作起了一定的作用。

出土物运回南京后，又在 1951 年 3 月 9 日，即南京博物院成立的一周年纪念日，举办了一次规模较大的"南唐二陵出土物展览"。这次展览共展出 92 天，观众达 20871 人，其中有工人、农民和部队，也有干部、学生以及国外的来宾们。

墓地的保护工作也由南京博物院、南京市文物保管委员会和江苏省文物管理委员会三个机构予以切实的注意，并且已经作了初步的修缮。从 1951 年到 1956 年年底，已经有上百批的国内外学者和群众参观了墓地。

第二章　二陵的建筑

二陵的建筑规模大致相同。在布局方面,自外而内,分前、中、后三主室,每室都附有陈设随葬品的侧室。在结构方面,李昪陵的前中二室,用砖造,后室用石造,李璟陵全部砖造;二陵内四壁均仿木建筑式样,做出柱、枋、斗栱等。在装饰方面,二陵均有彩画,李昪陵并有石刻浮雕。现在分别叙述如下。

第一节　李昪陵的建筑

一　平面布局与立面处理

李昪陵从墓门到墓室自外而内分前、中、后三主室,前室与中室东西两面各附一侧室,后室东西两面各附三侧室,总计共十三室。全部长 21.48 米,宽 10.45 米(插图 2—3)。

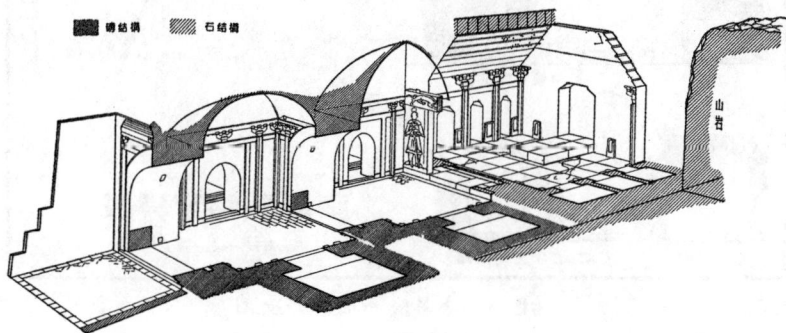

插图 2　南唐李昪陵透视图

13

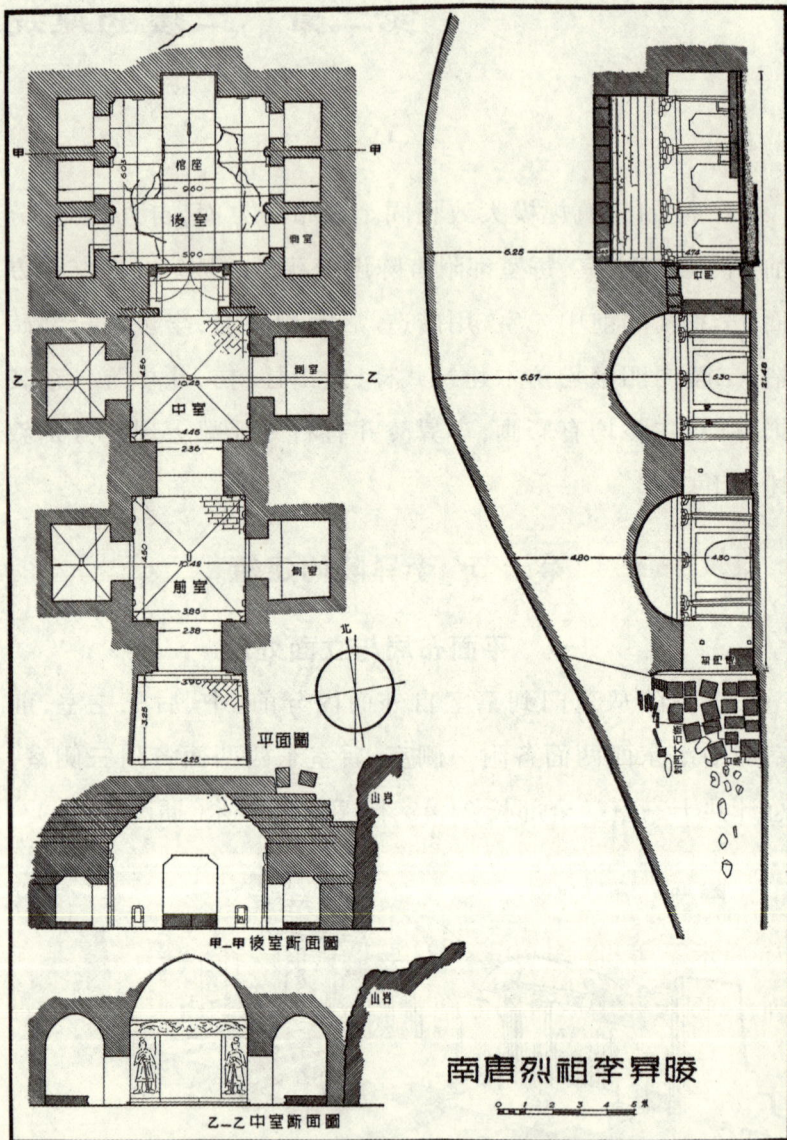

插图 3　李昇陵平面和断面图

〔一〕墓门和墓门外的情况

我们发掘时,在墓门外掘了一条长 19.25 米、宽 4 米的探沟,在沟内距离墓门 2.55—19.25 米之间,发现有 130 多块大小不同、形状不规则的黄石块,大的重到 200 公斤,它们都杂乱地夹杂在夯土中。这种质料的石块,都出于本山中。填在这土里的石块,大致是在造墓室时被打凿出来,而在筑坟时填进去的(插图 4;图版 15:1)。

从探沟向里发掘,我们发现墓门外用巨大的青色石灰岩长方形石条封塞(图版 15:2)。这些巨大的石条形状约略相等,其长度为 0.92—2.78 米,宽度为 0.47—0.70 米,厚度为 0.47—0.75 米,每条重约 2—3 吨。它们垒作 5 层,共计 29 条,有一条在一端转角的地方有一对穿的孔,可能是为了便利穿绳拖运的缘故(图版 8:3)。有的石条之间还夹杂一些小青石板。小青石板略呈方形(图版 15:4、16:2),每方长度从 45 至 60 厘米不等,厚 10 厘米左右。这些封塞墓门的石条和石板垒起来的全部高度计 3.35 米(插图 4)。

巨大石条的上面还有堆砌的石板层,分为内外两部;外部堆砌着 8 层青色石灰岩方形石板,其每方的长度从 50 至 75 厘米不等,厚约 20 厘米,共计有 30 多块,相当整齐地排列着(图版 8:1);内部堆砌着全高 0.50 米的小青石板,共计 6 层,小青石板每方的长度约 40 厘米,厚约 10 厘米(插图 2)。墓门就完全被这许多的石条和石板遮掩封塞。

墓门南向偏西 9 度。正中辟圆栱形洞门(插图 5),门高 2.81 米,宽 2.38 米,门洞厚 1.80 米。门外及门洞表面

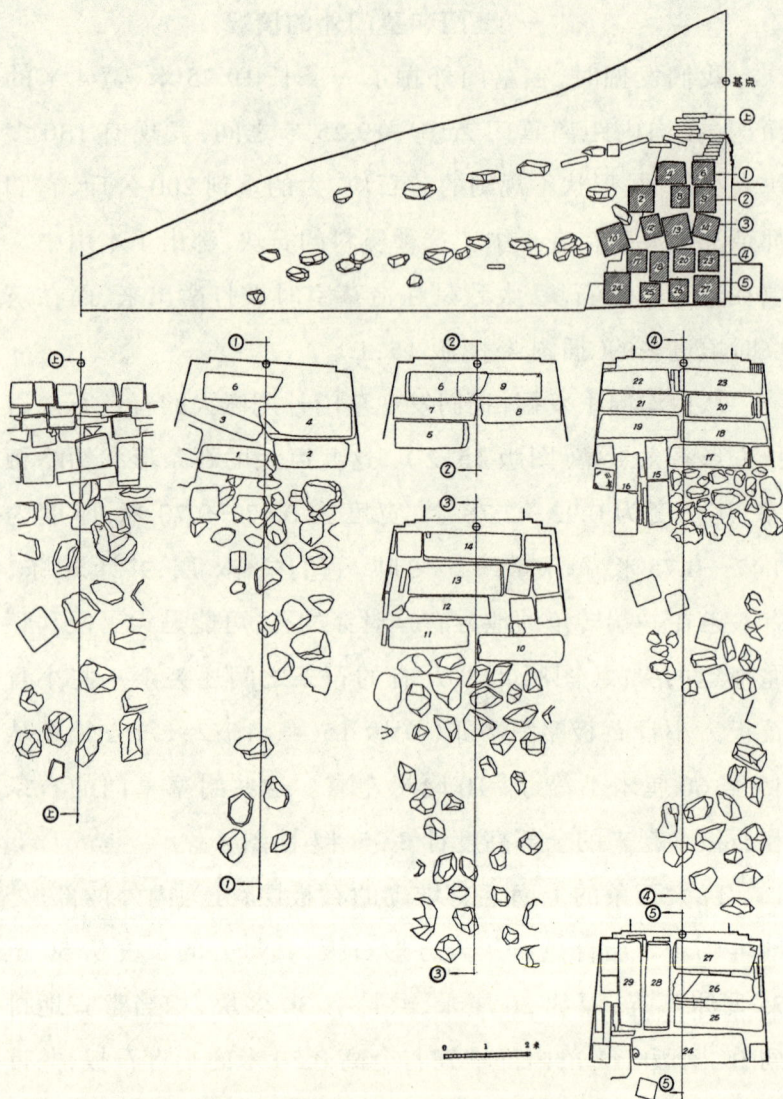

插图 4　李昪陵墓门前的封门石条和石块

均涂深的土红色。缘着栱门上部隐出弧形混线一道。门
左右两旁隐出砖砌矩形倚柱,倚柱上隐出阑额一层,阑额

中部因遇栱门而断。两矩形倚柱上各有转角铺作半朵。转角铺作上承柱头枋一层，柱头枋上正中有补间铺作一朵。补间铺作上承橑檐枋一层，橑檐枋上又隐出四条混线组成叠涩状的门檐。这完全是模仿木建筑的式样。柱、枋(包括阑额在内)、斗栱(即各种铺作)及弧形混线的表面都用石灰粉刷，上着彩画。计从地面至门檐上层高3.98米，从东倚柱到西倚柱宽3.20米(包括倚柱面宽在内)。两倚柱之外各有红墙面，从东墙到西墙的整个宽度为3.90米，门檐的最上一条混线长度与此相等。门洞内下部有封墓门的砖墙(图版9:

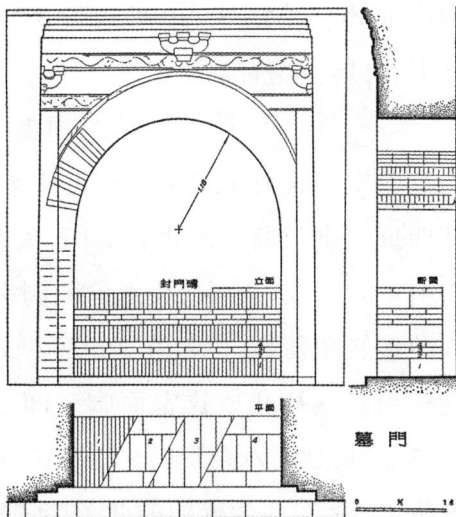

插图5　李昇陵墓门平面、立面、断面图

2)。墓门前用砖平铺成席纹地面，南北长3.25米，东西呈内窄外宽的形状，窄处3.90米，宽处4.28米(插图6;图版16:3)。门东西两侧有砖砌八字形挡土墙，高度与门檐齐。两墙的顶

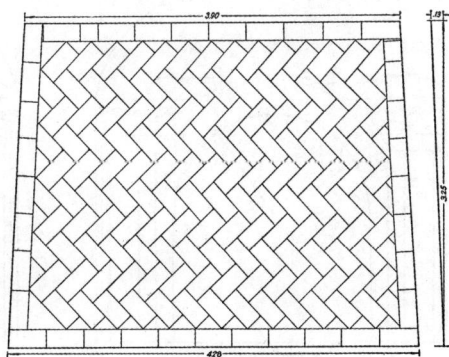

插图6　李昇陵墓门前的砖地

端南北均长 1.70 米,墙脚均长 3.25 米,墙下部砌作三级阶梯形状,墙面用石灰粉刷。

〔二〕前室

前室平面作长方形,南北长 4.50 米,东西宽 3.85 米。其四壁正中各辟一圆栱状洞门,南壁为墓的大门,北壁为通向中室的门,东西两壁为通向两侧室的门。室的四角各隐出八角形转角倚柱一根,在南北两壁门的两旁,各隐出矩形倚柱一根。这样构成这室面阔三间,两矩形倚柱之间为当心间,矩形倚柱与八角形转角倚柱之间为两个梢间(插图 7、8;图版 17)。东西两壁门的两旁,各隐出立枋一根,立枋之外,各隐出八角形倚柱一根。这样构成这室的进深三间,两八角形倚柱之间为一当心间,两八角形倚柱与两转角倚柱之间为两梢间(插图 9、10;图版 17)。倚柱和立枋的上端隐出阑额一层。四角的转角倚柱上各施转角铺作一朵,南北两壁的矩形倚柱上及东西两壁的八角形倚柱上各施柱头铺作一朵,

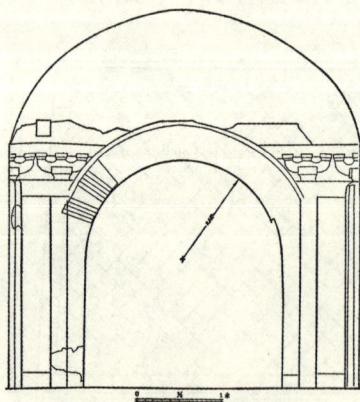

插图 7　李昪陵前室南壁　　　　　插图 8　李昪陵前室北壁

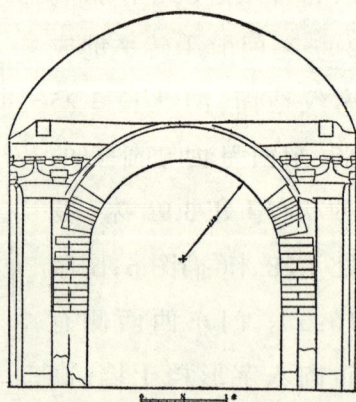

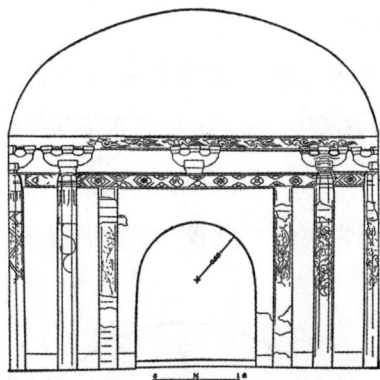

插图9　李昪陵前室东壁

插图10　李昪陵前室西壁

东西两壁当心间阑额上正中处各施补间铺作一朵,铺作上承柱头枋一层。南北两圆栱门上各有弧形混线一道。所有立枋、倚柱、斗栱、阑额、柱头枋及北壁弧形混线均用石灰粉刷,上施彩画。室内四壁面及南壁圆栱门上的弧形混线均涂深红色。四壁之上为砖砌的四方合栱而成的室顶。从地面至顶高4.30米,地面用砖横列平铺而成。

〔三〕中室

中室和前室大致相同。平面也作长方形,南北长4.56米,东西宽4.45米。室东、西、南三壁正中各辟一圆栱状洞门,南壁为通向前室的门,东西两壁为通向两侧室的门。室的东南角和西南角各隐出八角形转角倚柱一根,东北角及西北角无转角倚柱,但四角各有转角铺作,除东北角及西北角转角铺作为半朵外,其余皆与前室同。室东、西、南三壁隐出的立枋、矩形倚柱、八角形倚柱、阑额、柱头铺作、补间铺作、柱头枋及弧形混线,与前室完全相同(插图11、12、13;图版 25、26)。

室北壁为整面墙。其两侧为两大整块青色石灰岩立壁，上有浮雕武士像(插图 14)。两立壁之间,用方形青石板平叠封砌,表面涂深红色(插图 15)。立壁与砌墙之上,有一整块青色石灰岩制成的横额,其上浮雕着二龙攫珠的图像(插

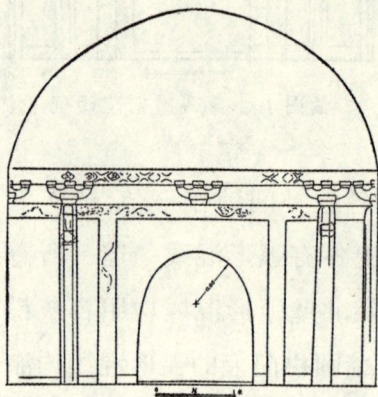

插图 11　李昇陵中室东壁

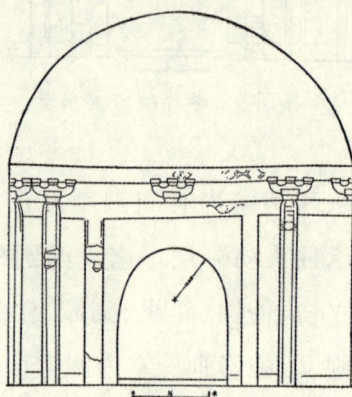

插图 12　李昇陵中室西壁

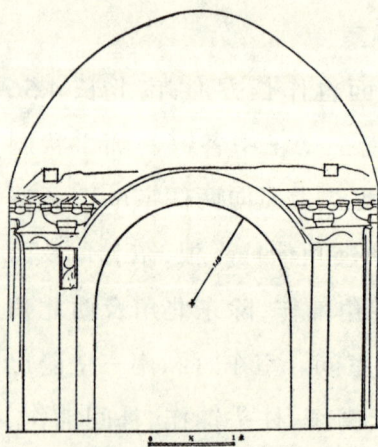

插图 13　李昇陵中室南壁

插图 14　李昇陵中室北壁

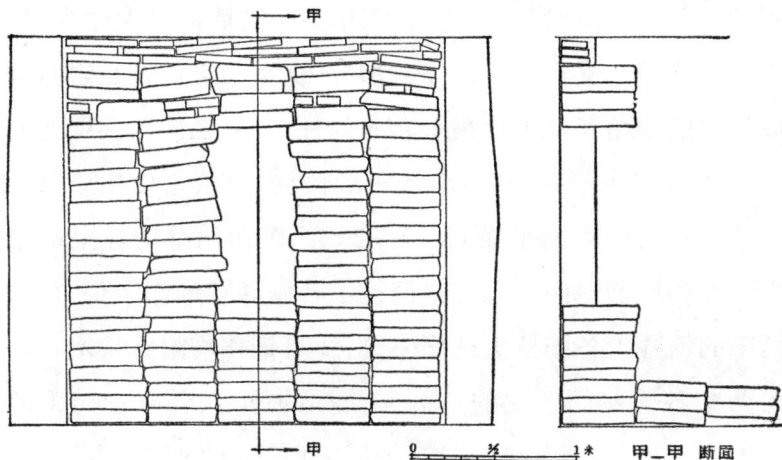

插图 15　李昪陵中室北壁封石（从内向外看）

图 14；图版 27:1 ）。中室的顶式样与前室同。从地面至顶高 5.30 米，地面用砖平铺成席纹，比前室地面高 10 厘米。中室与后室之间，为一过道，宽 3 米，深 1.90 米，高 2.30 米，地面比中室的地面高 20 厘米。这过道是为开启后室石门用的，其下部用两三层的青石板平叠封塞（插图 15 ）。

〔四〕后室

后室规模最大，平面作长方形，东西宽 5.90 米，南北长 6.03 米。南壁正中辟一方形门，有门扉，为巨大青石板制成（插图 16 ）。东西两壁各有三门，通向每面所

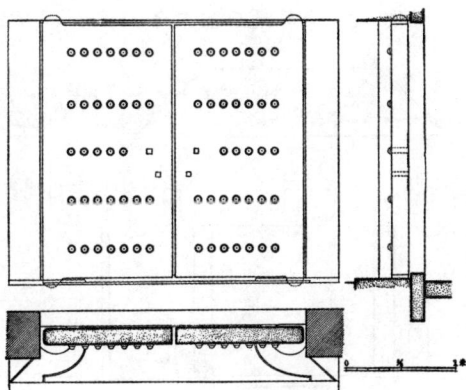

插图 16　李昪陵后室石门

附的三间侧室。北壁无门,正中开一凹入墙内的大壁龛,棺
床的后端伸入龛内(插图17—20)。全室为青色石灰岩石造
成。室的四角各隐出八角形转角倚柱一根,在东西两壁通向
中间侧室门的两旁,各隐出八角形倚柱一根,这样构成这室
面阔一间,进深三间(插图17—20)。东西两壁倚柱上端隐
出阑额一层。室四角的转角倚柱上各施转角铺作一朵,东西
两壁的倚柱上各施柱头铺作一朵,所有铺作均附有替木。东
西两壁各侧室门向北的一旁靠倚柱的下端,各有一砖砌的
长方形小壁龛(插图17、18;图版30、31)。西壁靠西北转

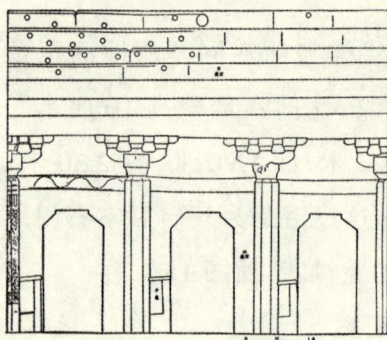

插图17　李昪陵后室东壁

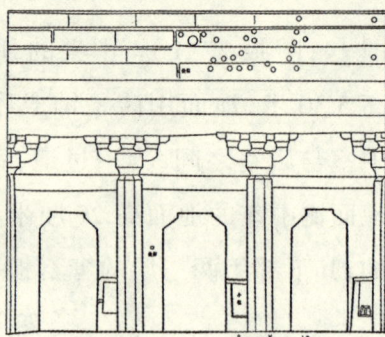

插图18　李昪陵后室西壁

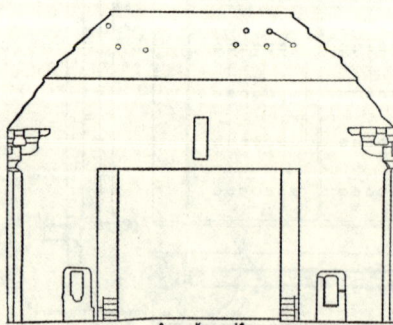

插图19　李昪陵后室南壁

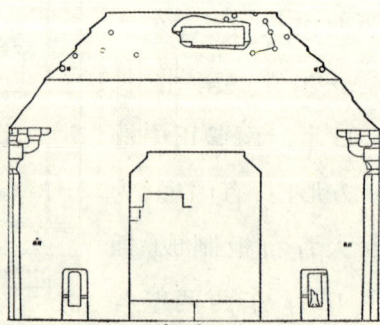

插图20　李昪陵后室北壁

角倚柱下端的壁龛内尚存有陶俑半截(图版 12:1)。南壁门的两侧与转角倚柱之间及北壁大壁龛两侧与转角倚柱之间正中的地方,也各有一砖砌的长方形小壁龛,北壁偏东的壁龛内还有半截陶俑遗留着(插图 19、20)。另南壁门上正中处复有一凹入壁内的长方形小龛(插图 19)。总计现有小壁龛 11:东壁 3,西壁 3,南壁 3,北壁 2。按李璟陵的例子,北壁嵌棺床的大壁龛内还应有一小壁龛(因大壁龛被盗掘者拆毁,不能见),或北壁上部与南壁门上的一龛相对而现在已破坏的地方有一小壁龛,共应有小壁龛 12。

在东西两壁上,用青石块构成的大石条向上叠涩,其上再加巨大石条而成室顶(插图 21;图版 34:1、2)。从地面

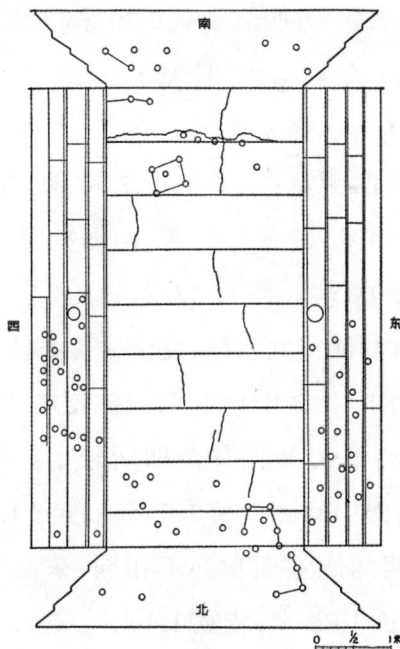

插图 21 李昪陵后室室顶仰视图

23

至顶高 4.74 米。地面由巨大青石板铺成,比中室地面高 20 厘米。

室四壁表面涂深红色,柱、枋、斗栱上均施彩画。室顶用石灰粉刷,上绘天象图(插图 21;图版 143)。地面上凿有江河之形(图版 34:3、4)。

〔五〕侧室

前中两室所附的侧室均为砖筑,壁面涂深红色。室顶由四方合栱而成,其表面刷石灰。室内有陈设随葬品的砖台。地面用砖横列平铺而成,前室侧室地面与其主室在一平面上,中室侧室地面比主室略低。

前室所附东西侧室:东侧室宽 2.30 米,西壁长 2.90 米,东壁长 2.80 米,高 3 米;西侧室宽 2.20 米,长 2.80 米,高 3.17 米。东侧室砖台长度与室同,宽 1.80 米,高 0.35 米(图版 18:4);西侧室砖台已完全破坏。

中室所附东西侧室:东侧室长 2.90 米,宽 2 米,西侧室长 2.80 米,宽 2.20 米,皆高 3.25 米。两侧室砖台长均与室同,皆宽 1.60 米,高 0.35 米(图版 27:2、3)。

后室所附东西侧室共六间,完全为青石块垒砌而成。各室大小不完全相同。靠南壁的两间侧室较大,计各长 2.30 米,宽 1.35 米,高 1.90 米。其余四间较小。计东面中间侧室长 1.65 米,西面中间侧室长 1.55 米,皆宽 1.35 米,高 1.90 米。靠北壁的两间侧室面积亦不相同:东面的一间长 1.60 米,西面的一间长 1.75 米,皆宽 1.40 米,高 1.90 米。

后室每间侧室内皆有砖台,其长宽与室等,高 0.20 米。

二 建筑的各部分

李昪陵所用的材料,有砖、石二类。砖分下列五种(插图22;图版37):

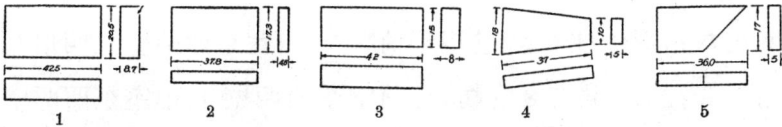

插图22 李昪陵建筑所用各种砖

1.长方形厚砖:长41—42.5厘米,宽20—21厘米,厚8—8.7厘米。墓门的下部、前室的四壁、中室的东、西、南三壁、前中两室所附侧室的四壁与侧室内的砖台均用此种砖砌成。

2.长方形薄砖:长37.8厘米,宽17.3厘米,厚4.8厘米。前室、中室和所附侧室的顶部叠涩以及封门砖和地面均用此种砖构成。

3.窄条形厚砖:长42厘米,宽15厘米,厚8厘米。前室和中室通侧室的门槛用这种砖砌成。

4.楔形砖:此种砖的形状一头窄,一头宽。砖长37厘米,宽的一头长18厘米,窄的一头长10厘米,厚5厘米,墓门、前室通往中室的门及两室通往东西侧室的门的圆拱状部分,均用此种砖砌成。

5.半斜角形砖:一边长36厘米,一边长18厘米,宽17厘米,厚5厘米,一端平头,一端作斜角形。是砌室顶用的(插图28)。

建筑的各部分分述如下。

〔一〕柱及立枋

李昇陵共有 30 柱,分八角形倚柱和矩形倚柱两种(图版 17)。计墓门两侧矩形倚柱 2;前室东西两壁及四角八角形倚柱 8,南北两壁矩形倚柱 4;中室东西两壁及东南、西南两角八角形倚柱 6,南壁矩形倚柱 2;后室东西两壁及四角八角形倚柱 8。共有 8 立枋,计前室东西两壁 4,中室东西两壁 4。前中两室的所有八角形倚柱以及东西壁的矩形倚柱和立枋均用厚砖平叠砌成八角形或矩形隐出壁面,再在表面上墁上 1—2 厘米厚的糯米汁和石灰;墓门两旁及前室南北壁和中室南壁的矩形倚柱则单用糯米汁和石灰墁成。二室的矩形倚柱和立枋宽 0.20—0.23 米,高约 2.17 米,高为宽的 9.5—10 倍;八角形倚柱径 0.23 米,高约 2.37 米,高为径的 10.3 倍;八角形倚柱比矩形倚柱和立枋高 20 厘米许。后室柱皆为整块青石制成,石面打磨得很光,像大理石一般。每柱径约 0.40 米,高约 2.34 米,高为径的 5.85 倍。

所有八角形柱的柱头都等于其栌斗的面阔,并有卷杀。有的砖砌倚柱或立枋略有倾斜,因此两倚柱之间或一倚柱与一立枋之间上下距离不完全相等。所有倚柱下面都没有柱础,柱和立枋完全立于地上。前中两室靠柱脚和立枋脚用薄砖贴墙侧立,作出勒脚一条。

〔二〕阑额、柱头枋及橑檐枋

倚柱和立枋上端隐起阑额。前室、中室阑额用两块厚砖平叠砌成,砖的大半压于墙内,表面墁糯米汁和石灰。阑额面宽 18 厘米,隐出壁面的厚度为 3 厘米。后室阑额每段由整块青石制成,面宽 18—20 厘米,隐出壁面 2 厘米。阑额皆微带曲度,两端略高。

前室、中室柱头枋的砌法同阑额一样。前室的宽 16 厘米,中室的宽 18 厘米,隐出壁面厚度皆为 4 厘米。后室无柱头枋。

墓门的阑额、柱头枋和橑檐枋的砌法均同前。阑额宽 16 厘米,隐出壁面 2 厘米;柱头枋宽 18 厘米,隐出壁面 2.5 厘米;橑檐枋宽 18 厘米,隐出壁面 2.5 厘米。

〔三〕斗栱

斗栱有用砖制的和用石制的两种。式样可分为柱头铺作、转角铺作和补间铺作三种。

墓门有两种斗栱:

1. 转角铺作(图版 16:5、6)。墓门两侧阑额上有转角铺作半朵,砖制,系整块烧成。其栌斗在阑额上,栌斗上施泥道栱,栱作三瓣卷杀,栱上施散斗一个半,散斗上承柱头枋一层。

2. 补间铺作(插图 23;图版 16:4)。柱头枋上正中有补间铺作一朵,系整块烧成。其栌斗上施泥道栱,栱两头均作三瓣卷杀,栱上施三个散斗,散斗上承橑檐枋(图版 9:2)。

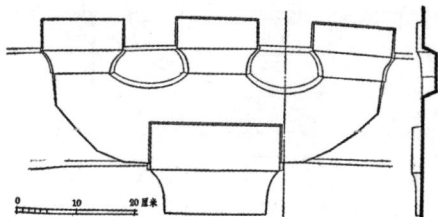

插图 23　李昪陵墓门正中的补间铺作

前室与中室各有三种斗栱:

1. 柱头铺作(插图 24;图版 19)。这里有两种柱头铺作,均系整块烧成。第一种是栌斗直接置于八角形倚柱的柱头上,第二种是栌斗置于阑额上,当其下矩形倚柱柱头的地位。两种铺作式样完全相同,其栌斗上均施泥道栱,栱两头作三瓣卷杀,栱上施三个散斗,散斗上承柱头枋。

2. 转角铺作(图版 18:2)。前室、中室的转角铺作也有两种:第一种是中室东北角和西北角的半朵转角铺作,其制法和式样与墓门的转角铺作完全一样;第二种是中室东南角、西南角和前室四角的整朵转角铺作,系用砖烧成两个半朵然后合成的(插图 25),其栌斗在八角形转角倚柱的柱头上,亦作转角形状,栌斗上施泥道栱,从两面的墙上隐出,栱两头作三瓣卷杀,栱上施三个散斗,左右两个散斗从两面墙上隐出,中间一个散斗作转角形,散斗上承柱头枋一层。

3. 补间铺作(图版 18:1)。前室、中室的补间铺作,其栌斗皆在阑额上正中的地方,制法和式样与柱头铺作全同。

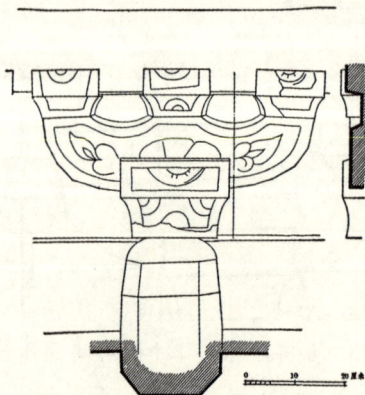

插图 24　李昇陵前室东壁靠北八角形倚柱上的柱头铺作

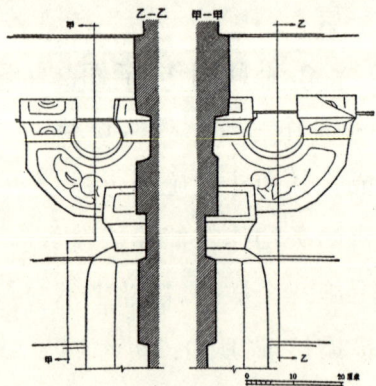

插图 25　李昇陵前室东北角的转角铺作

　　前室、中室因为梢间面窄,所以转角铺作和柱头铺作,显得攒聚在一起(图版17:3、19、22、25:3)。

　　后室有两种斗栱:

　　1.柱头铺作(插图26;图版33:3)。系用整块青石制成,表面打磨得很光。其栌斗直接在柱头上,栌斗上施泥道栱,栱两头亦有卷杀,栱上施三个散斗,散斗上附替木,替木两端并作出卷杀。

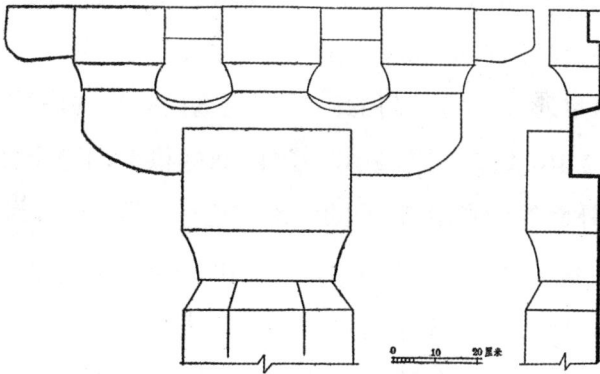

插图26　李昇陵后室东壁靠北八角形倚柱上的柱头铺作

　　2.转角铺作(图版33:4)。系用两块青石制成两个半朵,然后合成,表面也打磨光亮。其式样与前室、中室的整朵转角铺作相同,惟散斗上附有一替木。

　　各室斗栱栌斗的㰍皆比较高,曲线凹入较深。

〔四〕门

　　李昇陵墓门下部用长方形厚砖砌成,上部圆栱部分用楔形砖砌成,在起栱的地方,即长方形砖与楔形砖分界的地方,竖砌一层长方形薄砖于其间。这些部分表面都涂深红色。门上弧形混线及橑檐枋上四条混线所组成的门檐，全用特制的相应形状的砖条构成，弧形混线表面墁石灰并加彩绘，门檐表面涂深红色。墓门无门扉，门洞内用长方形薄砖封砌，其砌法为一层侧立的砖、三层平铺的砖相间叠砌而成，高0.82米，厚0.78米，宽度与墓门等（插图5；图版9:2）。门洞两壁起棋的地方和近地处当封砖的后面各有一凹入壁内的穴，上下对称排列，穴均作长方形，上两穴部分被破坏（插图27；图版24:1、2）。这种穴可能是安门杠用的。墓门背面圆棋上隐出弧形混线一道，表面涂深红色。

前室通往中室的门的砌法也同墓门一样的。这门高2.60米，宽2.36米，门洞厚2米。门两面圆棋上均隐出弧形混线一道，外面的加彩画，背面的涂深红色。门洞内也有封门的砖，高0.64米，厚0.78米，砌法也同墓门的封砖一样（图版17:3）。门洞的两壁也有上下对称的穴（插图27；图版28:1、2）。

前室与中室所附东西侧室的门，上部也作圆棋形，每门高1.70米，宽1.50米，门洞厚0.90—0.95米。门洞下靠外皆用砖平砌成一条门槛，高5—8厘米，宽15厘米。

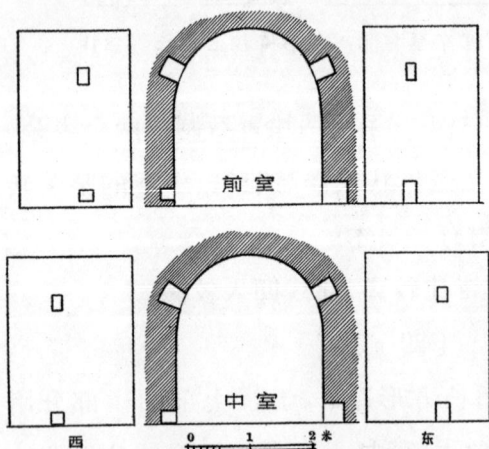

插图27 李昇陵墓门及前室通中室的门门洞两壁上下的穴

以上所述各门均

无门扉,也未残留装置门扉的痕迹。

后室门作方形,门框上下两方及门扉两扇,均用青色石灰岩石做成(插图16;图版10:3、4)。门框左右两方均用砖砌成,砌法见插图19。门扉高2.24米,两扇合起来宽2.40米,厚0.15米。门扉的安法,系嵌于从墙上所辟的门洞内,在门洞的四角,各凿一臼窝,门扉上下各有枢,将枢安在臼窝内。臼窝略作圆形,径20厘米,深11厘米,下面两臼窝口比地面略高。在上面两个臼窝之后,凿出门上框一条,在下面两个臼窝之后,凿出门槛一条,两者之长皆等于门的宽度,两者皆宽10厘米,高10厘米。门下有一地道栿,长3米,宽50厘米,高于地面5厘米(插图2)。

两扇门扉上均有孔,系当日装置门钉用的,从它们可以看出门钉的数目及位置。每扇门扉上有孔5排,除第三排每排5孔外,余4排均每排7孔,总计66孔。孔均作圆形,排列得很整齐,有些孔的周围还留下一圆形铜钉帽的遗迹,我们发掘时,在门下发现少数的鎏金的铜钉帽(插图117;图版117:5)。在两扇门中部近合扉的地方,各凿两方孔,左右对称,大致是装门环等用的。门扉表面涂朱,门下地栿也有片段涂朱的遗迹。

后室所附侧室门洞皆为青石垒成,表面涂深红色。门洞作五边栱状,高1.80米,宽0.90米,厚0.50米,无门扉。

〔五〕墙壁与室顶

前室的四壁、中室的东西南三壁及两室所附侧室的四壁均用长方形厚砖平砌而成,在墙壁与室顶交界的地方侧砌一层长方形薄砖（中室北壁用石砌，已详前）。墙壁表面用石灰浆、糯米汁同红土调拌，合成泥浆，墁在叠砖砌成的墙壁上，平均厚 2 厘米。

后室及其所附侧室的墙壁均用长方形或方形的青石块垒砌而成，表面也涂深红色泥浆，平均厚 1 厘米。

前室、中室及其所附侧室的顶均用长方形薄砖平砌，层层向内挑出，逐渐收缩，至上四方合栱而成顶，从侧面看来，近于抛物线形状。

前室室顶和中室室顶的砌法又略有不同。前室室顶从四角起，用一节节弧面的砖条向上直砌一段，成四条短的肋骨，同时从四方用砖叠砌而上。在肋骨范围之内，叠砖在四角是有界线的，在肋骨以上，叠砖便自相交缝，这种砌法是比较不规则的。叠砖到达顶上时，留下一长方形孔，孔内用六块砖侧立嵌入（图版 23）。中室四条肋骨，从四角起，直达顶的中心，相互交叉，叠砖全在肋骨范围之内。在交叉处的四角内，因太窄，不能用整砖平砌，故嵌入碎砖（图版 28:3）。

在前室、中室南北两壁的东西两角墙壁上与顶相接处，有对称的方形穴，每穴约方 16 厘米，深 44 厘米（插图 7、8、13、14;图版 17:3）。除中室北壁外，其他三壁的穴的上方均与栱门的顶端平。这些壁穴大致是为安置横贯室南北的木梁用的。两室南北壁上的粉泥及涂色，到壁穴的上方为止，东西壁上的粉泥及涂色稍低，到壁穴的下方为止。这两室四壁均涂朱，柱、枋、斗栱上施彩绘，而室顶仍是原叠砌的砖面，未加粉饰，这和四壁是不相称的。我们揣测当日曾在这木梁上,构成了金碧辉煌的平棊或藻井。

侧室顶因为全粉石灰,细部结构不显明,但从表面情形看来,它是没有四角的肋骨的。

我们在墓顶开了两条横探沟,来看墓室顶结构的外面(图版35:1、2,36:1、2)。从中室顶的探沟,可以看出中室及其东侧室室顶外面叠砖的情形(插图28)。

后室顶为石砌。在室东西两壁上,平砌着长方形青石块,它们相接连着,成为横贯南北、长与室等的长方形大石条。这种大石

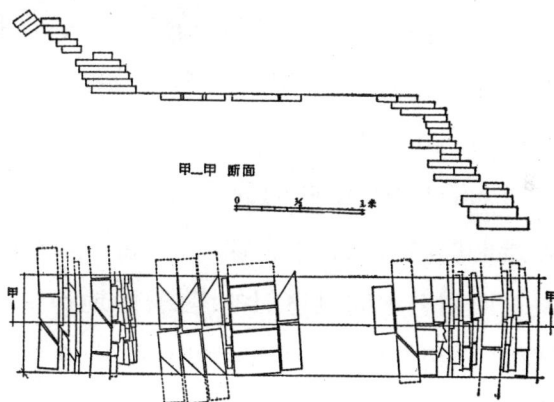

插图28　由李昪陵中室室顶探沟看室顶的砖砌现象

条在东西两方各砌七层,层层向上挑出,成叠涩的形状。在叠涩的最上层上,骈列巨大石条九根,每根长约6米,宽约0.70米,厚约0.65米,东西横跨,构成南北长5.93米、东西宽2.64—2.68米的平顶。整个顶的结构显得非常坚固整齐(插图17、18、21;图版34:1、2)。七层叠涩的下三层表面涂深红色,三层以上用石灰粉刷。两叠涩之间在南北两壁所成的山墙,涂色与东西两面相平。

从后室顶上探沟来看后室顶的外面(图版36:1、2),可看出巨石条及叠涩外部的情形。

后室所附侧室的顶均为青石块砌成,作覆斗式样,表面涂深红色。

在后室北壁上山墙的东西两端当第四层叠涩之上,各垂一小铁环(插图 20),可能是当时悬帷幕用的。在北壁的下部距地面 1.26 米、距东北和西北两根八角形转角倚柱各 24 厘米的地方,有两个凿入石内的、已断的大铁钉(插图 20),其地位与山墙上两铁环虽不成一直线,但相差不到 10 度。可能这里原来有两个铁环,当帷幕拉开时,为拉住帷幕的下段用的。在东西两面第四层叠涩上近正中处,略偏南,各有一凿入石内的、已断的大铁钉(插图 17、18),两者相对称,可能这里原来也有两个铁环,为悬棺床前的帷幕用的。又在室东西两壁中间侧室门的南侧,距地面 1.20 米许,亦有凿入墙内的、相对称的两个断铁钉(插图 17、18),其地位与叠涩上的铁钉虽不成直线,但相差也不过 10 度。可能这里原来也有两个铁环,为拉住棺床前帷幕的下段用的。至于铁环残断的原因,我们揣测有两种可能。一种是东西叠涩上两个铁环原连有金玉饰物,北壁和东西壁下部四个铁环原连有金钩或玉钩[①],盗掘者在采取这些贵重饰物时,为保存它们完整,所以不惜费很多力气将铁环的钉打断。另一种可能是盗掘者见铁环,不知道里面还有什么东西,于是在墙上拼命凿打,直至铁环的钉打断为止,打了六个,没有收获,所以山墙上两个也就不打了。

---

① 李后主词有"玉钩罗幕,惆怅暮烟垂"之句。

〔六〕砖台

前室、中室所附侧室内的台,都是用长方形厚砖横列平砌成的。从中室东西两侧室内保留得完整的台来看,台都用四层砖砌成,其向门一方上下两层凸出成边缘,中间两层收进成束腰,是仿"须弥座"的式样。台面用石灰抹平。

后室六间侧室内的台也是砖砌的。用两层砖砌成,无束腰,台面也用石灰抹平。

〔七〕墓上封土

全墓成隆起的圆阜形,周围约 110 米,直径约 30 米。墓顶上的封土厚 6.50 米。封土是经人工夯过的,夯土以本地的黄土为主,在其中并夹杂着红色土层、棕色土层、黄沙层、碎石层、碎青石层、石灰层和覆碗层(插图 29、30)。覆碗层是将一个个完整的带茶绿色或褐色釉的陶碗,碗口向下覆放着,碗与碗相接铺成一层,排列得相当均匀。因为上面封土的压力很大,全部覆碗都被压破了,但有的只压成两半或三片,可以清晰地看出整个碗的原形来(图版 35:3、4,36:3、4)。

由墓顶探沟来看,墓顶封土的办法是非常好的。从打夯的印迹,可以看出封土是一薄层、一薄层地夯紧的。打得非常坚固、结实。这样不容易掘开,同时树根也不容易钻进去。

封土内夹杂的石灰层、碎石层、黄沙层、覆碗层等,并不是随便加进去的,而是具有一定的作用的。例如石灰层和黄沙层都是为防潮用的,碎石层和碎青石层主要为增加墓的坚固,也起着隔水的功用。覆碗层主要为利用釉陶碗光滑的表面,使渗下的雨水和雪水排泄得快些。现在浙江、湖南等地

插图 29　李昪陵中室室顶探沟北壁

区有些墓葬,还采取用瓷片排水的方法。

从探沟的剖面图来看,后室顶上的封土是未被搅乱过的(插图 30),但中室顶上的封土被搅乱过,所以碎石层、石灰层、黄沙层、覆碗层等都中断了,扰土的部分正成漏斗的形状(插图 29)。这表示当日盗掘者是从这里掘下去的,在

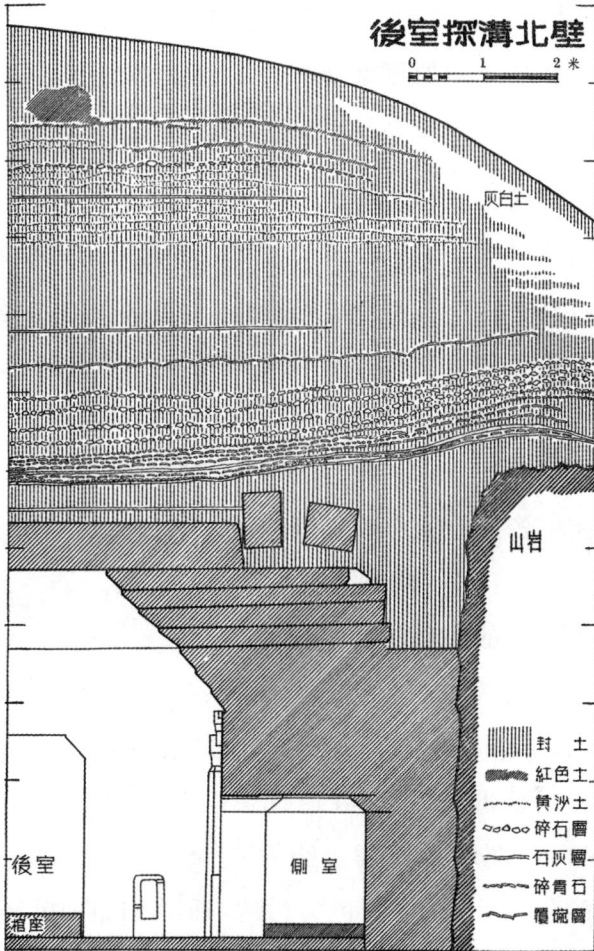

插图 30　李昪陵后室室顶探沟北壁

墓顶卜掘的地方是相当大的,愈到下面愈小,到中室顶的地方,就只有一个容人出入的小洞了。当我们发掘的时候,墓上封土当中室顶偏西的地方,还有不规则形的凹下的一大块,应是当日盗掘者留下的痕迹(这凹下的部分连同两条探沟在发掘结束时都被我们用土填满了)。

三 建筑装饰

建筑装饰分彩画与雕刻两类。

彩 画

前面谈到这墓的结构是模仿木建筑式样的,因此墓内隐出柱、枋、斗栱等。由于建筑的各部分都是采用砖材或石材,不能像木材一样在其上直接施彩画,于是就在绝大部分要施彩画的地方先墁一层厚 2.5 厘米的糯米汁和石灰混合搅拌成的泥浆,其上用石灰粉刷,然后施彩画。彩画所用颜色,有朱红、赤黄、石青、石绿、赭色等,上色时均用晕染手法。

现在将各部分的彩画分别叙述如下。

〔一〕阑额及柱头枋上的彩画

1. 墓门上的阑额与柱头枋

墓门上阑额和柱头枋的画法,系在刷石灰的表面上,周边留出约 3 厘米宽的地方,用朱红色线画出边框,边框内画枝叶回旋的牡丹花,用深红色线条钩出花瓣及枝叶的轮廓,内涂赤黄色,花叶及花瓣上涂石青、石绿,花心点朱红色。在花叶的空隙处,涂朱红色为衬地(插图 31;图版 16:4—6、136)。

插图 31　李昪陵墓门阑额西段彩画的轮廓线

橑檐枋上仅存白粉地,看不出有何种花纹。

2. 前室的阑额与柱头枋

前室阑额上的彩画是一种"一整二破"的柿蒂纹（插图32；图版 19:1—3，20:1）。其画法先在石灰刷的表面上用深红色线画一边框，在边框之内，分段画朱红色斜角棱纹，棱纹的四边画得很粗，也代表着衬地。在每一棱形之内，画一整个柿蒂；在每两个棱形之间，作两个上下相对的半个柿蒂。柿蒂系用深红色线条钩出轮廓，其内涂土黄色，蒂心点朱红。柿蒂与棱形之间均涂赤黄。

插图32　李昪陵前室北壁阑额彩画的轮廓线
　　　　（1）靠东的一段
　　　　（2）靠西的一段

前室柱头枋上的彩画是相连续而中间稍有间隔的蕙草云纹（插图33；图版 19:1、21:1、141:1）。其画法系先在

(3)

插图 33　李昇陵前室柱头枋彩画的轮廓线
　　　　（1）东壁偏南的一段
　　　　（2）东壁偏北的一段
　　　　（3）西壁中间的一段

周围画出朱红色边框，内涂赤黄色衬地，在衬地上用朱红色线条钩出蕙草云纹的轮廓，其内用绿色晕染。

3. 中室的阑额与柱头枋

阑额上画牡丹花，与墓门阑额和柱头枋一样。柱头枋上画柿蒂，与前室阑额一样。为淤土所损，画皆模糊不清（插图 34）。

(1)

(2)

(3)

插图 34　李昇陵中室阑额彩画的轮廓线
　　　　（1）东壁中间的一段
　　　　（2）东壁偏北的一段
　　　　（3）西壁偏北的一段

4. 棱室的阑额

后室阑额表面刷的一层石灰较薄,其上画牡丹花(插图35;图版141:2)。画法是先用朱红色线条作出边框,框外约宽2厘米,框内衬地现作绛色,花叶轮廓线条现作赭色,花叶用石青、石绿晕染,花心点朱红。

插图35　李昪陵后室西壁阑额靠北的一段彩画的轮廓线

〔二〕斗栱上的彩画

1. 墓门上的斗栱

墓门上转角铺作的彩画,分泥道栱与散斗两部分(图版16:5、6,137)。泥道栱的画法:先在周边留出1.5厘米宽的边框,边框外缘涂石绿,框内画牡丹花,先用赭色线钩出花叶的轮廓,在其周围涂朱红色的衬地,然后在花瓣及花叶上用赭色线钩成重瓣及花心,重瓣内涂石青、石绿,花心点朱红色。散斗的画法:先在周边及散斗上部与斗底之间用朱红色画出0.6—1厘米宽的边框,其内留出白色框,以赭色线为边缘,再在其内画花并涂朱红色衬地;散斗上部及斗底各画半朵宝相花,斗腰两侧下角各画四分之一朵宝相花,花也用赭色线条作重瓣,内点石青、石绿,花心点朱红色。

墓门上正中补间铺作上似乎没有做石灰层,彩画直接施于砖地上,画已脱落,仅略有朱色衬地痕迹。

41

2. 前室和中室的斗栱

前室、中室斗栱都只薄刷一层石灰浆,彩画施于其上。现在差不多完全剥落了,仅在前室部分斗栱上看出周边留出的 2 厘米宽的边框,框内作朱红色衬地以及隐约的赭色线条所钩出的牡丹花叶轮廓,而且看出几种铺作的彩画都是一样的(图版 21:2,22)。

3. 后室的斗栱

后室斗栱上都曾刷一层很薄的白粉,其上再施彩画。室内转角铺作和柱头铺作的彩画都是一样的(图版 141:3)。其画法先在斗栱的各部分——栌斗、泥道栱、散斗、替木上各留出 2 厘米宽的边框,栌斗及散斗复分上下两部,其中留出间隔。栌斗斗底用朱红色画出半个棱形,棱形之内画半朵宝相花,棱形之上两岔角各画四分之一朵宝相花;栌斗上部用朱红色画一个棱形,棱形之内画一整朵宝相花,棱形之外四个岔角各画四分之一朵宝相花。散斗斗底及上部均同栌斗一样。所有花瓣及花心的轮廓均用朱红色线条钩勒,并用石青画出花的重瓣,花心点朱红色。替木上彩画看不出来,仅留朱红色衬地。

〔三〕倚柱和立枋上的彩画

1. 墓门两旁的倚柱

墓门两旁两根倚柱上的彩画,只存上半部,而且因发掘后暴露在外,两柱所受日光的程度不同,两根颜色也不同了。它们都是留出 3 厘米宽的边框,框内画枝叶回绕的牡丹花,花叶的空处涂朱红色衬地。花瓣及枝叶的轮廓均用赭色钩勒,内涂赤黄色,再涂石青、石绿,花心点朱红色(插图36)。

插图36　李昪陵墓门倚柱彩画的轮廓线
（1）东侧倚柱
（2）西侧倚柱

2. 前室的八角形转角倚柱

前室东北角的八角形转角倚柱隐出壁面的三方均有彩画(图版19:2、140:2)。柱头上用赭色线画出箍头,内分三段,每段均以黄色为衬地,上段涂石绿,中段涂朱红,下段亦涂石绿。箍头下画束莲花瓣,成为所谓"覆莲"的柱头花纹。莲瓣用赭色线钩勒,内涂黄色衬地,然后用朱红色画出重瓣,其内再涂石绿。柱身最上约长14厘米的一段用赭色画出边线,边线内以黄色为衬地,其上用朱红色画出一斜角棱纹,棱纹内画一朵柿蒂花,用赭色线钩勒,再用石绿晕染。棱纹外四角各画四分之一朵柿蒂花,也用赭色线钩勒,石绿晕染,花心点黄色。以下整个柱身涂黄色衬地,其上全部用朱红色画出粗的斜角棱纹。棱纹以整个棱形的上下尖角衔接,左右钝角至边,成"一整二破"的布局。居中的整棱内用赭色线条钩勒重叠的柿蒂花纹,外层花朵满用黄色晕染,花瓣上面涂石绿,内层花朵亦满用黄色晕染,花瓣上面涂朱红,花心点石绿。两侧的半棱则是在黄色的衬地上用赭色线钩勒出半朵柿蒂花纹,花朵用黄色晕染,花瓣涂石绿,花心点朱红。

前室西北角的八角形转角倚柱的彩画和东北角的差不多完全相同,只是柱身的最上一段所画斜角棱纹,是两个棱形的尖角上下相接,成交叉状,其上下左右各画半朵柿蒂花纹(插图 37;图版 19:3)。这根柱子上彩画的颜色,没有东北角的那样鲜明。

前室东南角的八角形转角倚柱柱头的彩画也与东北角的相同。柱身最上一段已剥落,其下整个柱身画枝叶回绕的牡丹花纹(图版 19:1、138:2),画法与墓门两旁的倚柱相同。

前室西南角的八角形倚柱上的彩画已完全剥落。

3. 前室东西两壁的八角形倚柱

前室东壁北首八角形倚柱柱头上彩画有箍头及束莲花瓣,与东北角的转角倚柱相同。柱身最上约长 14 厘米的一段上下用赭色画出边线,边线内正中画一朵宝相花纹,花叶用赭色线钩勒,再用石绿晕染,花心点黄色。花与边框之间,涂朱红色衬地。此下整个柱身画枝叶回绕的海石榴花纹,花叶枝条均用赭色线钩勒,花叶涂黄色,再用石绿晕染,花心点黄色。花叶空隙处,均涂朱红色为衬地(图版 19:2、140:1)。

前室西壁北首八角形倚柱上的彩画与东壁的完全相同（ 插图 38;图版 19:3、20:2 ）。

前室东壁南首八角形倚柱柱头上也有箍头与束莲花瓣。柱身最上一段剥落,其下整个柱身画枝叶回绕的牡丹花纹,画法与墓门两旁倚柱上的一样,唯花叶特大(图版 19:1、138:1)。

4. 前室四壁的矩形倚柱和立枋

前室四壁的矩形倚柱和立枋,其上尚存有彩画的,计有东壁的立枋两根,西壁靠北首的立枋一根,南壁靠东的倚柱

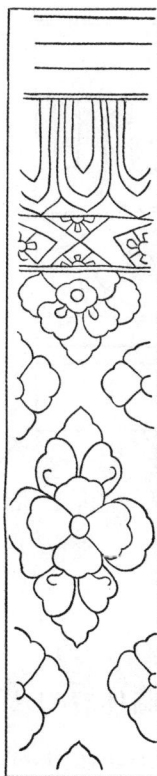

插图 37　李昪陵前室西北角的转角倚柱彩画的轮廓线

插图 38　李昪陵前室西壁偏北八角形倚柱彩画的轮廓线

插图 39　（1）李昪陵前室东壁偏南立枋彩画的轮廓线

插图 39　（2）李昪陵前室西壁偏北立枋彩画的轮廓线

一根,余均脱落。各柱枋上所存的彩画均相同,都是从上到下画着枝叶回绕的牡丹花纹,其画法与墓门两旁倚柱上的相同,也留有3厘米宽的边框。南壁因柱身较窄,所以画面也比较窄(插图39;图版19、139)。

5. 中室的各种倚柱和立枋

中室因淤土特多,倚柱和立枋上的彩画差不多完全剥落,只存留片段的斑驳的花纹,就其轮廓看,同前室倚柱和立枋上的彩画是相似的(插图40)。

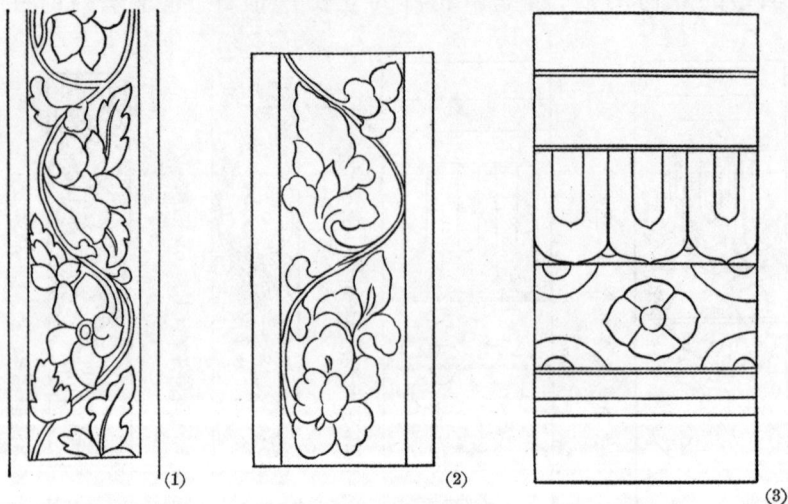

插图40 李昪陵中室的倚柱和立枋彩画的轮廓线
(1)东壁偏北的立枋
(2)南壁偏东的矩形倚柱
(3)东壁偏北的八角形倚柱

6. 后室的倚柱

后室内惟东北角的八角形转角倚柱上的彩画还看得清楚(图版142),其余的都已剥落。这柱柱头上也画出箍头和束莲花瓣。箍头分为三段,上段与中段之间以暗红色为界,中段与下段之间以朱红色为界,界条上下似均涂有绿色。束莲花上下有赭色边线,花瓣画法与前室转角倚柱的相同。柱身最上约13厘米的一段用赭色画出上下边线,内涂黄色衬地,再用朱红色画一整个斜角棱形,棱形内画一柿蒂花纹,棱形外四角各画四分之一柿蒂花纹。柿蒂花均用赭色线钩勒,花瓣涂石绿,花心点朱红。其下柱身画大朵的枝叶回绕的牡丹花纹,花叶枝条均用赭色线钩勒,花叶先涂黄色,然后涂石青、石绿,花心点朱红色。牡丹花纹之下有一段与柱身最上一段相同,也有上下带赭色边线的朱红色斜角棱形,其内作柿蒂花纹,棱形外四角各有四分之一柿蒂花纹。此下为柱脚,画仰瓣的束莲花,与柱头上的"覆莲"相对。"仰莲"下还有彩画,但已模糊。因为这柱用石材构成,表面光滑,年久经水气浸蚀,颜色褪落得很利害,现存的彩画显出一种非常沉静的色调。

〔四〕门上弧形混线上的彩画

前室通中室的门上弧形混线也有彩画,系用赭色、石绿相间画成斜角半棱形纹,棱纹上下钝角向内,左右尖角至边,成为相互交错排列的式样。每一棱形内各用赭色线钩勒出半朵宝相花纹,花瓣先涂黄色,再用石绿晕染,花心点黄,再点红色。

墓门弧形混线上的彩画已剥落,仅存彩色斑点。

〔五〕后室顶上的彩画

在后室层层挑出的叠涩及骈列的巨石条所共构成的室

顶上,都有彩画装饰,全幅画面组成一幅美丽的天象图(插图 21;图版 143)。东面叠涩上画朱红色的刚升起的旭日,相对的西面叠涩上画淡蓝色的团圞的明月,此外满布着各种星宿,室顶正中一片空白,也许象征着天河。每颗星都用朱红色线钩出轮廓,中填石青,成淡蓝色。遥遥相对的北斗星座与南斗星座以及北斗星座旁的几个星座中的每颗星,都用朱红色线钩连。

雕刻

李昇陵的雕刻,所用的材料全为青色石灰岩石。雕刻的作法可以分成两种:一种是半立体的浮雕,一种是浅浮雕。

现在将陵内各部分的雕刻分别叙述于下。

〔一〕中室北壁的浮雕

中室北壁两侧雕两个武士立像(图版 29、119、120),为半立体浮雕。武士头上戴盔,身穿梅花鱼鳞甲,双手握长剑,足踏云采,相貌威严,面向内侧而立,作左右侍立护卫的姿态。在石刻线条深处发现有贴金和敷朱的残迹,想见原来是怎样两个金碧辉煌的雕像。

在武士像之上,有一长的横额,雕刻着双龙戏珠的图像(图版 121:1)。正中是一颗带火焰的宝珠,下托彩云,双龙在其两旁。龙遍体鳞甲,爪牙犀利,昂首嘘气,头相对,身向前进,伸一前爪作攫珠的姿势。

两武士像和双龙戏珠图雕刻的方法,都是先把石料打琢成平面,在石面上画出图样,然后将周围不需要的地方打去,打的深度平均8厘米,并加磨光。以后在留出的凸起的部分,用深浅不同的雕法将图像雕出来。这样刻出来的线条形成明暗的强烈对比,将要刻的形象生动地表现出来。

〔二〕后室棺床的雕刻

这棺床由六块方形大青石板合成,全长3.80米,宽2米,厚0.50米,其后段嵌入北壁龛内(插图41;图版33:2)。床的正中有一长方形小井,它似乎是古代墓葬腰坑的遗制。床的表面周边有浅浮雕纹饰一框,为枝叶回绕的海石榴花纹(图版121:2)。棺床的前、左、右三个侧面有半立体的浮雕,作八条向前行进的龙:前侧有二条头相对;左右两侧各三条,前后相随着(图版122)。

棺床的雕刻方法,是先将六块青石凿成方形,表面磨光,将六块合拢拼成棺床,然后在其上钩勒出画面。画面的

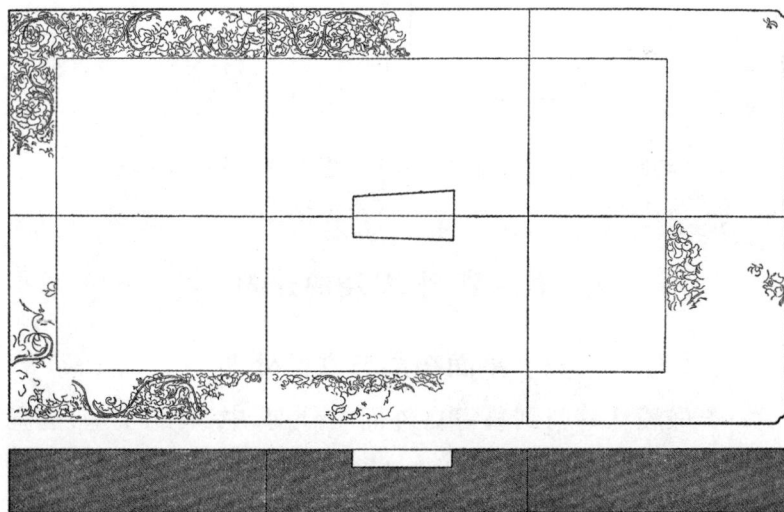

插图41 李昇陵后室棺床及其花纹

49

做法,是先留出 2.2 厘米宽的边框,边框以内,雕 21 厘米宽两边带边线的海石榴花纹。雕法系将画面的花叶枝条及边线均留出,空处剔去约一毫米许。边框及花纹内的床心也加打磨,使低于花纹约一毫米许。床三侧的龙的雕刻方法与中室北壁横额上刻的龙相同。

〔三〕后室地面的雕刻

后室地面从棺床底下起,向东西两侧刻出两道分歧的、曲折的宽 5—7 厘米、深 3 厘米的槽,象征着有许多分支的河流,蜿蜒向前流去(图版 34:3、4)。这幅河流图,与室顶的天象图上下相辉映。

此外,墓门前的探沟内还曾发现一件长方形石块,上有浅浮雕壶门状的花纹(插图 42)。

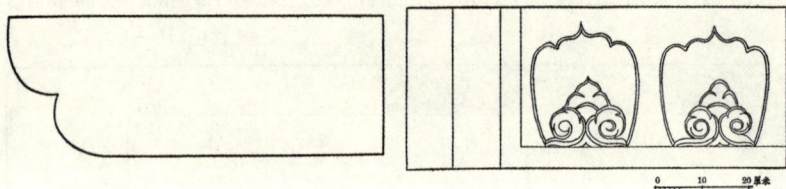

插图 42　李昇陵墓门前出土的有壶门状花纹的石块

第二节　李璟陵的建筑

一　平面布局与立面处理

李璟陵从墓门到墓室自外而内分前、中、后三主室,前室与中室东西两面各附一侧室,后室东西两面各附两侧室,总计共十一室。全部长 21.90 米,宽 10.12 米(插图 43、44)。

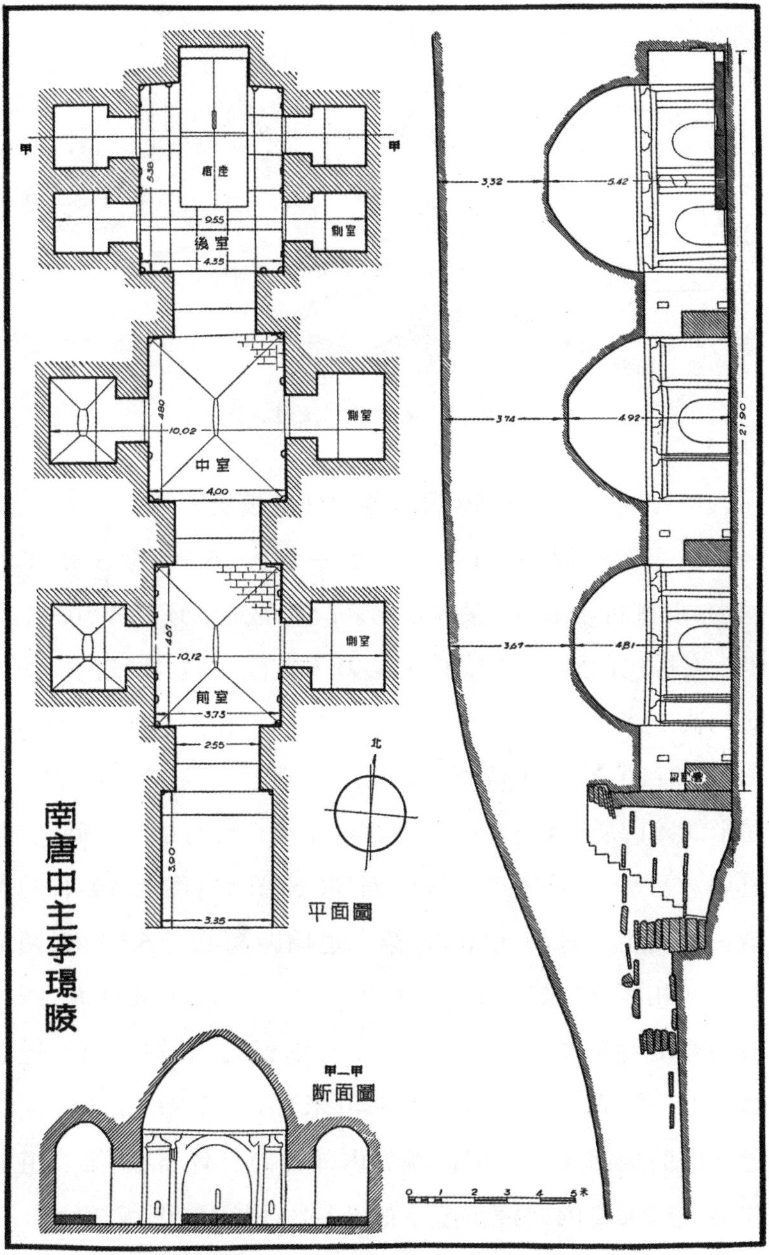

插图 43　李璟陵平面和断面图

插图 44　南唐李璟陵透视图

〔一〕墓门和墓门外的情况

我们发掘时,在墓门外掘了一条长 15 米、宽 3.35 米的探沟,但掘得不够深,探沟底比墓门前的地面还高 1.50—1.80 米。在探沟内距墓门 7.50—14.40 米范围以内,比墓门前的地面约高 3 米的地方,满铺黄石块,排列得相当均匀(插图 45;图版 38:1、2)。在黄石块层以下 7 厘米的地方,又有厚 40 厘米的碎砖层,其中并夹有碎石。在黄石块与墓门之间,有两道用方形青石板垒砌而成的石墙(插图 45;图版 39:1—3),第一道墙距离墓门 3.20 米,第二道墙距离墓门 6.50 米,两道墙之间相距 24 米。由于青石板大半都做成 1 米见方,所以墙的厚度约为 1 米;墙的高度没有掘到底,只知道第一道墙的最上一层高于墓门前地面 3.40 米,第二道墙的最上一层高于墓门前地面 3 米。两道墙的内外都铺有青石板,第二道墙和第一道墙之内并铺了上下好几层(插图 45;图版 38:3、4、39:2、3)。各段各层,都是用本山的黄土加以夯紧的。

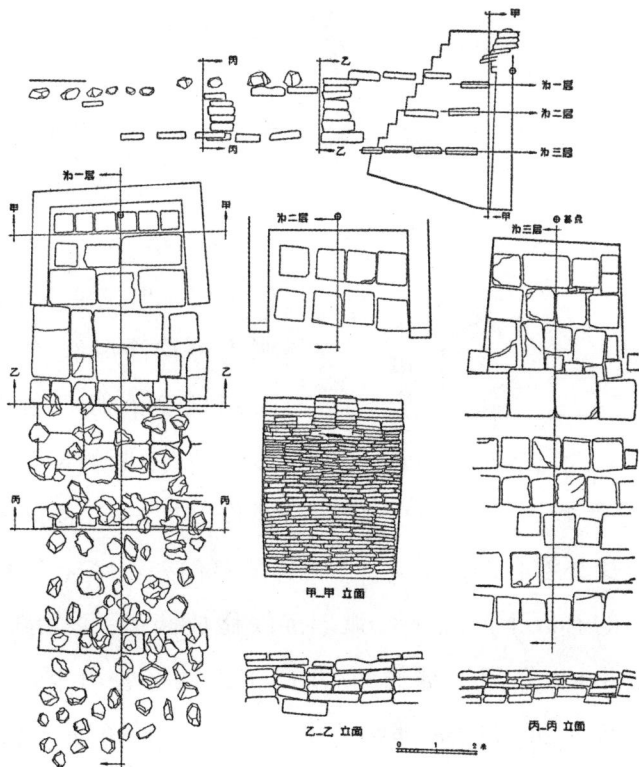

插图 45　李璟陵墓门前的封门石和堆积的石块

　　墓门前有砖砌的两道挡土墙,分列两侧。两墙均砌成阶梯形,底脚长 3.90 米,顶长 1.70 米,高 4.50 米,厚 0.50 米(插图 43、44)。在两墙的顶上近墓门的地方,各有一叠砖,由五块长方形厚砖叠成,全高 40 厘米左右。两墙最外的距离为 3.35 米。墙面用石灰粉刷。两墙之间紧靠墓门有约 50 厘米见方的青石板砌成的高墙(插图 45;图版 39:4),墙顶并挑出墙檐,正中一段叠砌五层方形青石板。此石墙厚约 50 厘米,连顶上的叠石层在内,高与挡土墙顶齐,严密地封

插图 46　李璟陵墓门

闭了整个墓门。

李璟陵墓门南向偏东5度。正中开圆栱形洞门（插图46；图版40：1、2）。门高2.75米，宽2.55米，门洞厚1.90米。门外及门洞表面均涂深红色。门上及门两旁有弧形混线、矩形倚柱、中断的阑额、转角铺作、柱头枋、补间铺作、橑檐枋及叠涩状的门檐等，与李昇陵墓门差不多完全相同。所不同的有以下几点：（1）弧形混线做成两道；（2）矩形倚柱只有上半段，在门上部的两旁，门下部两旁各出窄墙一条，倚柱和弧形混线的底部纳入其中；（3）两转角铺作均是整朵，每朵的一半隐出于八字墙上；（4）柱头枋的两端亦隐出于八字墙上；（5）在柱头枋与橑檐枋之间，靠东西两墙各隐出一短柱；（6）橑檐枋上的叠涩状门檐为三条混线组成。门的各部分也和李昇陵一样，有石灰粉刷和彩画装饰，可惜完全剥落了。门洞内下部有封门的砖，高1.40米，宽与墓门等，厚0.85米。砖以上填满淤土。墓门前有横列平铺的砖地面，南北长0.70米，东西抵挡土墙脚。

〔二〕前室

前室南北长4.67米，东西宽3.73米，从地面至室顶高4.81米（插图43）。全室的平面布局和立面处理与李昇陵前室差不多完全相同(插图47—50,图版41、42:1)。所不同的:(1)南北两壁门两旁无矩形倚柱和柱头铺作;(2)南北两壁栱门上无弧形混线。

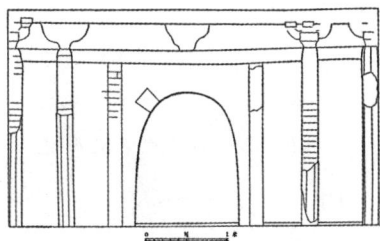

插图47 李璟陵前室东壁

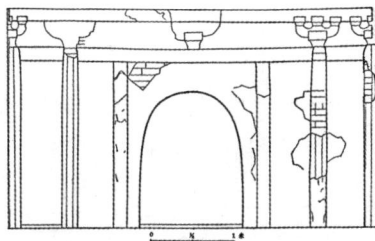

插图48 李璟陵前室西壁

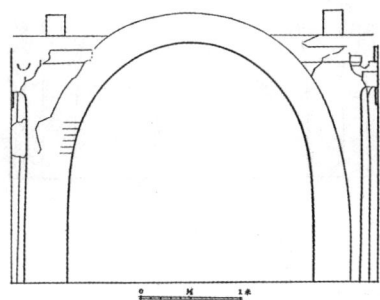

插图49 李璟陵前室南壁

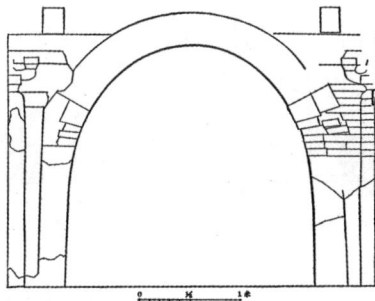

插图50 李璟陵前室北壁

〔三〕中室

中室南北长4.80米,东西宽4米,从地面至室顶高4.92米(插图43)。全室的平面布局和立面处理与李昪陵中室大致相同(插图51—54;图版43)。所不同的:(1)室东北角和西北角各隐出一八角形转角倚柱,柱上各施转角铺作一朵;(2)东西两壁门两旁无立枋;(3)南壁门两旁无矩形倚柱和柱头铺作;(4)南壁门上无弧形混线;(5)北壁无雕刻,有圆栱状门通向后室,门上部两旁隐出阑额和柱头枋(插图54);

55

（6）地面是用砖横列平铺而成。

插图 51　李璟陵中室东壁　　　　插图 52　李璟陵中室西壁

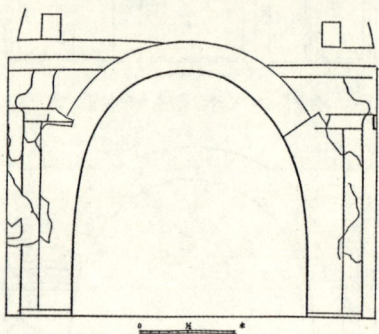

插图 53　李璟陵中室南壁　　　　插图 54　李璟陵中室北壁

〔四〕后室

　　后室南北长 5.38 米，东西宽 4.35 米，从地面到室顶高 5.42 米（插图 43）。全室的平面布局和立面处理与李昪陵的中室大致相同（插图 55—58；图版 44：3—6）。所不同的：（1）东西两壁各有两门通两侧室，每门的两旁各隐出一立枋，因此东西两壁各有四根立枋，但无倚柱；（2）东西两壁阑额上各隐出三朵补间铺作，但无柱头铺作；（3）南壁门两旁隐出的是八角形倚柱而不是矩形倚柱，门上没有弧形混线；（4）北壁辟一圆栱形壁龛，棺床后段嵌入其内，龛两旁各隐出一八角形倚柱，柱上端隐出阑额一层，柱头各施柱头铺作一

插图 55　李璟陵后室东壁

插图 56　李璟陵后室西壁

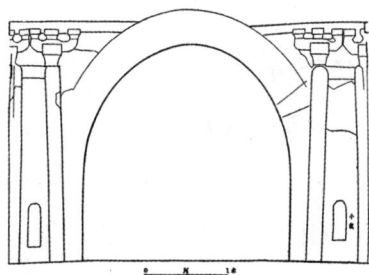

插图 57　李璟陵后室南壁

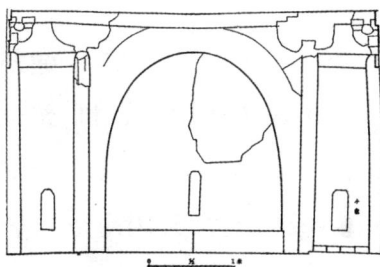

插图 58　李璟陵后室北壁

朵,铺作上承柱头枋一层;(5)东西两壁两侧室门之间的两根立枋之间的下部、南北两壁的八角形倚柱和转角倚柱之间的下部以及北壁壁龛下部的正中,各有一凹入墙内的五边拱状的小壁龛,全室共七个小壁龛;(6)地面全部用长方形青石铺成;(7)室顶表面用石灰粉刷,上彩绘天象图。

后室有一棺床,为四块长方形大青石板合成,全长 4.40 米,宽 2 米,厚 0.40 米,中线上略靠后有一长方形小井,床后段嵌入北壁龛内,无雕刻(插图 58;图版 44:2)。

〔五〕侧室

李璟陵前、中、后三主室所附的每间侧室和李昇陵前、中两主室所附的侧室差不多完全一样,只是大小略有不同。李璟陵前室所附东西侧室二间,南北各长 2.45 米,东西各宽

2.20 米,高 3.16 米。砖台长度与侧室同,宽 1.60 米,高 0.30 米。中室所附东西侧室二间,南北各长 2.45 米,东西各宽 2 米,高 2.99 米。砖台长度与室同,宽 1.40 米,高 0.30 米。后室所附东西侧室四间,皆成方形,每间南北东西各长 1.70 米,高 2.91 米。砖台长度与室同,宽 1.20 米,高 0.30 米。

二 建筑的各部分

李璟陵所用的材料,绝大部分是砖,也有小部分石材。砖同李昇陵一样,有长方形厚砖、长方形薄砖、窄条形厚砖和楔形砖四种,其用途也和李昇陵相同。可能也有半斜角形砖,但未发现。另有一种薄而窄的砖,上面刻着"千秋"、"万岁"、"池腾"等文字,"池腾"可能是当时造砖人的姓名。砖上字都很草率,可能是造砖的人信手刻在砖模上而范成的(图版 46:3—5)。这种砖只发现于前室内的淤土中,用途还不明。

建筑的各部分分述于下。

〔一〕柱及立枋

李璟陵共有 26 柱,分八角形柱与矩形柱两种。计墓门两侧矩形倚柱 2,前室东西壁及四角八角形倚柱 8,中室东西壁及四角八角形倚柱 8,后室南北壁及四角八角形倚柱 8。共有 12 立枋,计前室东西壁 4,后室东西壁 8。八角形倚柱皆为砖砌,上墁糯米汁和石灰;矩形倚柱和立枋有的同八角形倚柱砌法一样,有的单用糯米汁和石灰墁成。立枋宽 0.16—0.18 米,高 1.96—2.08 米,高为宽的 11 倍。八角形倚柱的尺寸,三室各不同。前室柱径 0.20—0.21 米,高 2.13—2.16 米;中室柱径 0.18—0.19 米,高 2.10—2.17 米;后室柱经 0.20—0.22 米,高 2.22—2.28 米;一般看来柱高约为柱径的 10 倍多。

柱头一般都等于其栌斗的面阔,也有卷杀。下面也没有柱础。靠柱脚作出勒脚一条。

〔二〕阑额、柱头枋及橑檐枋

倚柱和立枋上端隐出的阑额皆为三块薄砖平叠砌成,表面墁糯米汁和石灰。阑额宽 16 厘米,隐出壁面 2—5 厘米。

柱头枋与橑檐枋的砌法、宽度和厚度皆与阑额相同。

〔三〕斗栱

李璟陵斗栱也有转角铺作、柱头铺作、补间铺作三种,全是整块烧成。它们的式样和李昇陵的三种铺作差不多完全一样,所不同的:后室东西两壁上的补间铺作,在三个散斗之间的栱眼壁上作出两个小方孔(插图 56;图版 45:4),不知作何用。

〔四〕门

李璟陵墓门和室内各门都用砖砌成。室内各门由于表面的粉饰脱落得很厉害,砌法看得特别清楚。门下部是用长方形厚砖砌成,上部圆栱部分用楔形砖正面竖立和侧面平叠的方法相间砌成(图版 43:2、4)。均无门扉。

墓门及前室通往中室和中室通往后室的门,门洞内均用长方形厚砖封砌,其砌法用砖横直相间(图版 42:1、2),宽皆与门洞相等,厚度均为 0.85 米,高度约为 1.40 米。三

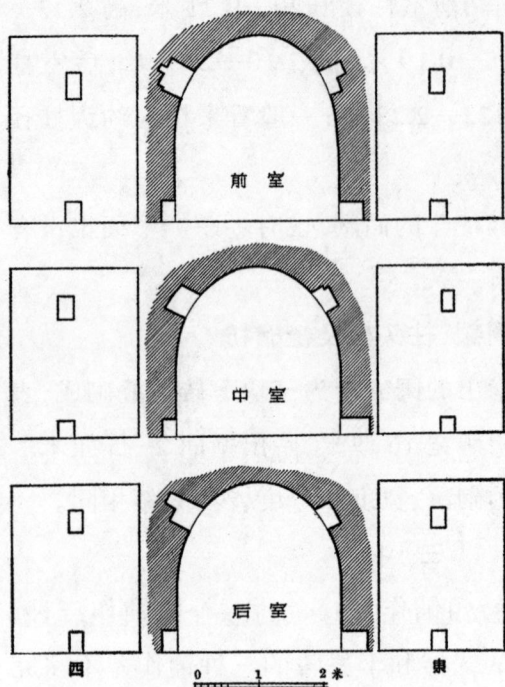

插图 59　李璟陵各室门洞两壁上下的穴

门的门洞内两壁也都有上下对称的四个凹入壁内的穴(插图 59;图版 40:3、4)。

前室通往中室的门高 2.55 米,宽 2.55 米,门洞厚 1.90 米。

中室通往后室的门高 2.54 米,宽 2.54 米,门洞厚 1.90 米。

各室所附侧室的门高 1.60 米,宽 1.20—1.30 米,门洞厚 0.90—1 米。门洞下靠外都作出门槛,用窄条形厚砖砌成。

〔五〕墙壁与室顶

李璟陵墙壁全用砖砌成,其砌法和表面粉饰与李昇陵前中两室一样。

李璟陵三主室室顶作法与李昇陵中室相同,只四角无肋骨架(图版 42:3、43:5、44:1)。前中两室南北壁的东西两角墙壁上与顶相接处,也有对称的方形穴,每穴长 26 厘米,宽 20 厘米,深 50 厘米(插图 49、50、53、54)。

各侧室顶与李昇陵前中两室所附的侧室完全一样。

〔六〕砖台

各侧室内的砖台,与李昪陵前中两室所附侧室内的砖台作法基本上是一样的,但无束腰。

〔七〕墓上封土

李璟陵南临平地,东临一浅沟,西北两面与山的斜坡相连,成很自然的山坡形状。从墓门上封土的断面看,封土层有 3.90 米厚,全用本山黄土夯紧。在靠墓门厚 2.20 米的范围内,夯土中夹灰白土层,其中并杂黄沙和红土。在 2.20 米以上,夯土中夹杂红色土。

开始发掘这墓时,我们在前室西侧室顶上封土中发现两层平铺的青石板,排列得十分整齐(图版 13:1)。由于省工,没有掘下去,我们揣测全部墓室的顶上和周围的封土中都有这种青石板。

三　建筑装饰

李璟陵墓门和前、中、后三主室的倚柱、立枋、阑额、斗栱和柱头枋上原都有彩画,可惜因受淤土和潮气的侵蚀,全部剥落了,仅在墓门的阑额上看出残存的片段的枝叶回绕的牡丹花纹的轮廓,以及朱红、石绿晕染的斑点(图版 144)。

后室石灰粉刷的顶部已变成黄灰色,但还可依稀看出天象图的痕迹。在室顶西部残存着一颗颗用石青画的星星,在偏近西南角悬着一轮用石青画成翠色的团圞的明月,从它们可以想象到原来是怎样一幅瑰丽的图画。

第三节　论南唐二陵陵墓本身的制度及其装饰艺术

南唐二陵为保存得相当完好的两座帝王陵墓,从它们可以看出唐宋间帝王陵墓制度的大概,也可以看出当时建筑艺术的风格,因此,对它们具有的较突出的几点加以讨论并予以适当的评价,是必要的。

首先,从墓地的选择及墓的建造方法来看。

(一)二陵都是倚山为坟的。李昪陵系在山的缓斜坡上,取一片凿为平地,造成墓室,然后将从外地运来的青石块以及本山凿出的黄石和黄土在墓室周围填筑起来,形成了圆形的土阜。由于山坡倾斜的缘故,从墓顶到其周围的地上深度便不相同。李璟陵系在一伸至平地的舌形山坡将尽头处的一侧,取一片凿为平地,造成墓室,然后周围填筑,墓的西面和北面均与山相连。这种倚山为陵的方法,比平地造墓的方法要节省些,造的墓要坚固些。宋王溥《唐会要》(卷二十)记贞观十八年唐太宗对侍臣说:"古者因山为坟,此诚便事;我看九嵕山孤耸回绕,因而旁凿,可置山陵处,朕实有终焉之理。"因此,太宗的昭陵,"凿山南面,深七十五丈,为玄宫"。自此以后,唐代皇帝的陵墓,有许多用此法建造,南唐二陵,无疑地是承袭唐代制度的。

(二)自秦汉以来,皇帝陵墓上的封土,多作方形层台状,唐代和北宋还是如此。[①]二陵虽然仿唐代制度,但封土

---

① 　关野贞:《支那の陵墓》,见《支那の建筑と艺术》,1938年出版。

成圆形。这大致是由于地理环境和经济条件所限制的原故。因为在陕西、河南的平原上,用土筑成方形层台,是比较容易的。二陵位于山坡上,要将封土做成方形,必须将周围大片地完全填平,这样费工很多。不用此法,只在造成的墓室顶上和周围加土填筑,则自然成圆形了。

(三)二陵建造的材料,都是砖石并用的。这种例子,在汉墓中就有过。如山东济南大观园、江苏睢宁九女墩和四川成都扬子山的汉墓,都是由砖石合构而成的。[①]还有山东梁山、禹城、福山、章丘和安徽合肥所出的几座汉墓,以砖构为主,加少数石材。[②]在唐朝强盛的时候,皇帝陵内的玄宫大致全是石料建造或至少以石料为主,到衰微的时候,由于人力、财力不足,可能全用砖或以砖为主。《五代史》(卷一百十三)《周太祖纪》称郭威临死时,遗命"陵寝不须用石,枉费人功,只以砖代之"。南唐二陵李昪陵用石料较多而李璟陵用石料较少,正可反映当时的经济情况。

其次,从平面布局来看。

(一)二陵都有前、中、后三主室,主室两旁各附有侧

---

① 山东省文物管理委员会:《济南大观园的一个汉墓》,见《考古通讯》1955年第四期。

李鉴昭:《江苏睢宁九女墩汉墓清理简报》,见《考古通讯》1955年第二期。

于豪亮:《记成都扬子山一号墓》,见《文物参考资料》1955年第九期。

② 关天相、冀刚:《梁山汉墓》,见《文物参考资料》1955年第五期。

山东省文物管理委员会:《禹城汉墓清理简报》,见《文物参考资料》1955年第六期。

山东省文物管理处:《山东福山东留公村汉墓清理简报》,见《考古通讯》1956年第五期。

王思礼:《山东章丘县普集镇汉墓清理简报》,见《考古通讯》1955年第六期。

安徽省博物馆筹备处清理小组:《合肥西郊乌龟墩古墓清理简报》,见《文物参考资料》1956年第二期。

室。这种对称的布局法,在汉代就已有(河北望都汉壁画墓是一例子)。①到唐代似乎成为帝王陵墓的规定格式。马令《南唐书》卷十五《郑元素传》:"元素,温韬之甥也。自言韬发昭陵,从埏道下,见宫室制度闳丽,不异人间。中为正寝,东西厢列石床,床上石函,中有铁匣,悉藏前世图书,钟王墨迹,纸墨如新。"所谓正寝即是主室,东西厢即是侧室,其中所列石床,与南唐二陵侧室内的砖台,作用是一样的。

又《新唐书》卷一百《韦弘机传》:"太子弘薨,诏蒲州刺史李冲寂治陵成,而玄堂陋,不容终具。将更为之,役者过期不遣,众怨,夜烧营去。帝诏弘机嗣作。弘机令开隧左右为四便房,搏制礼物,裁工程,不多改作,如期而办。"便房即侧室,开隧左右为四便房,表示其为左右各二的对称侧室,这些侧室开在隧道左右,是临时加上的东西,表示原来还应开在主室左右的。

(二)二陵后室皆有石制棺床。在汉及魏晋南北朝墓中,已有置床承棺的,如旅顺营城子一汉墓及南京幕府山一六朝墓均有砖砌的棺床。②但当时这个制度似未通行,所以在敦煌发现的魏晋墓中,大都只有放置随葬品或祭品的砖砌小台而无棺床,③即像宜兴发现的西晋周处墓那样大墓,也无棺床。④到

① 姚鉴:《河北望都县汉墓的墓室结构和壁画》,见《文物参考资料》1954年第十二期。
② 森修、内藤宽:《营城子》(1934年出版),图版16、插图19。
华东文物工作队:《南京幕府山六朝墓清理简报》,见《文物参考资料》1956年第六期。
③ 夏鼐:《敦煌考古漫记》(二)、(三),见《考古通讯》1955年第二、三期。
④ 华东文物工作队:《江苏宜兴周墓墩古墓清理简报》,见《文物参考资料》1953年第八期。

唐代,墓中置棺床的较多。在敦煌发现的唐墓中,往往有面积较大的砖砌平台,上有残骨、朽木等,无疑地为安置棺木的台。[①]在较讲究的唐墓中,棺床还往往有装饰,如西安东郊十里铺一唐墓中砖砌棺床的东立面刻有类似莲花的花饰,[②]甘肃武威管家坡一唐墓中砖砌棺床的前面成须弥座式。[③]五代时墓虽然发现的不多,但可看出当时统治阶级用的棺床是怎样的。如成都北郊后唐长兴三年(公元932年)高晖墓中有石制棺床,平面作梯形;[④]前蜀王建墓中石制棺床,作须弥座形,周围有力士、女乐、云、龙、兽、花朵、莲瓣等雕刻,比起李昪陵的棺床来,还更华美。[⑤]

第三,从立面处理来看。

(一)李昪陵前中二室及李璟陵全部的门,都是圆栱式的,即发券所构成的。从汉代起,砖造的墓门,差不多全是这种形式,那时已发明了专为砌发券用的楔形砖。在敦煌唐代壁画中,城门和房屋的门也有作此式的。[⑥]李昪陵后室通往其侧室的门,作五边栱状,此大概从古代的圭门发展而来,云冈石窟、敦煌唐代壁画中城垣的门以及宋代城门,都有作

① 夏鼐:《敦煌考古漫记》(二)、(三),见《考古通讯》1955年第二、三期。

② 陕西省文物管理委员会:《西安东郊十里铺337号唐墓清理简报》,见《文物参考资料》1956年第八期。

③ 甘肃省文物管理委员会:《兰新铁路武威—永昌沿线工地古墓清理概况》,见《文物参考资料》1956年第六期。

④ 徐鹏章、陈久恒、何德滋:《成都北郊站东乡高晖墓清理简报》,见《考古通讯》1955年第六期。

⑤ 杨有润:《王建墓石刻》,见《文物参考资料》1955年第三期。

⑥ 梁思成:《敦煌壁画中所见的中国古代建筑》,见《文物参考资料》第二卷(1951)第五期。

此形的。^①

（二）李昪陵前中两室及其所附侧室与李璟陵所有主室、侧室的顶全是用砖从四壁上起叠涩，至上四方合栱而成顶。这种顶起源很早，营城子和洛阳所出汉墓的顶均有作此式的，^②而一般唐代的砖墓作此式的尤多。李昪陵后室所附侧室的顶，作覆斗式，这是四方合栱式的变形，将四方减低、上面的平顶扩大即成。但由于上面平顶的面积相当的大，用砖砌是不可能的，所以只有石室才有这种顶。敦煌石窟和宋代石室墓的顶有作此式的。^③李昪陵后室用石条叠涩而成顶。按石砌叠涩顶始见于汉代石室墓中，徐州茅村画像石墓即其一例。^④高句丽时代的石室墓尤多此种结构，安岳的冬寿墓^⑤、吉林辑安的许多石室冢^⑥以及平壤附近的许多古墓^⑦均是例子。不过这些墓都是从墓室的四壁上起叠涩，其上加盖或加几层抹角结构再加盖成藻井；李昪陵则是从东西两壁

① 梁思成：《敦煌壁画中所见的中国古代建筑》，见《文物参考资料》第二卷（1951）第五期；又梁思成、林徽因、刘敦桢：《云岗石窟中所表现的北魏建筑》，见《中国营造学社汇刊》第四卷第三、四期，1933年出版。

② 《营城子》图版2、15；又河南文物工作队第二队：《洛阳30、14号汉墓发掘简报》，见《文物参考资料》1955年第十期。

③ 阎文儒：《莫高窟的石窟构造及其塑像》，见《文物参考资料》第二卷（1951）第四期。

贵州省博物馆筹备处：《贵州遵义专区的两座宋墓简介》，见《文物参考资料》1955年第九期。

④ 王献唐：《徐州市区的茅村汉墓群》，见《文物参考资料》1953年第一期。

⑤ 都宥浩著、李启烈译：《在朝鲜安岳发现的一些高句丽古坟》，见《文物参考资料》1952年第一期。

⑥ 池内宏、梅原末治：《通沟》卷下，1940年出版。

⑦ 关野贞：《平壤附近に于ける高句丽时代の坟墓及绘画》，见《朝鲜の建筑と艺术》，1941年出版。

上起叠涩,南北两壁上作山墙,其上骈列巨大石条九根而成长方形顶,与前者是有异的。其所以作此结构,大致是为要画大幅天象图的缘故。

(三)墓门封砖的制度,自汉代以来即如此。但一般墓的门全部用砖封塞,二陵各主室的门(李昪陵后室除外)则仅半封(这是原来情形如此,非盗墓人将砖上半起去),盖因墓门外有坚固的石墙封砌,墓室门的封砖是不十分必要的。

第四,从细部结构来看。

二陵的柱、枋、斗栱,全是仿木结构的,具有自汉以来的传统式样。

(一)八角柱在汉代就有,魏晋南北朝以至盛唐,这种形式最为流行,盛唐以后,圆柱逐渐代替了八角柱,但敦煌晚唐至宋初的窟檐中仍一律用八角柱,每柱上下同样粗细,无卷杀或收分。[①]二陵中的八角形倚柱,同敦煌窟檐的柱形制是一样的。至于矩形柱和立枋,实为方形的柱枋,砌在墙壁之间,隐出壁上则现矩形。在汉代石室墓和陶制屋宇明器中,方形或接近方形的矩形柱和立枋是常见的,其位置多在室的四角、门的两旁或两门之间。宋代的石室墓或砖室墓,有的内部仿木结构,壁上隐出八角形倚柱、矩形倚柱、立枋、斗栱、阑额等,与二陵的建造法最为接近。

(二)二陵中的斗栱,无论是柱头铺作、补间铺作或转角铺作,都是简单的一斗三升式的。这种式样从汉代起便普

---

① 梁思成:《敦煌壁画中所见的中国古代建筑》,见《文物参考资料》第二卷(1951)第五期。

遍流行。二陵中的斗栱，其泥道栱的卷杀虽然分瓣，但还近圆弧形，有的则竟作圆弧形，这和敦煌唐代的栱最为近似；比起敦煌宋初窟檐两瓣卷杀、棱角分明的栱[①]和宋《营造法式》四瓣或五瓣卷杀、分瓣处也是转折分明的栱来，二陵的栱显出时代较早的特征。二陵斗栱的栌斗以及部分散斗，欹部和其上的耳与平部分各占一半，即耳＋平∶欹＝5∶5，比起宋《营造法式》的栌斗，耳∶平∶欹＝4∶2∶4，式样也是不同的。[②]李昪陵后室的柱头铺作和转角铺作的散斗上有替木。斗栱上用替木的方法，也是从汉代就传下来的，[③]在敦煌宋初窟檐的斗栱上，有的也附替木。

第五，从柱、枋、斗栱和室顶上的彩画来看。

（一）李昪陵柱、枋、斗栱上的彩画，如枝叶回绕的牡丹花纹与海石榴花纹、宝相花纹、斜角棱形内一整二破的柿蒂纹，在敦煌壁画的边饰中都是常见的，其时代从盛唐直至宋初。八角形倚柱上的箍头和束莲花纹，亦见于敦煌宋初窟檐的彩画中。又前室阑额上有蕙草云纹，此由古代的草纹与云纹发展而来，敦煌佛画边饰中有卷云纹，与此相似。

（二）李昪陵后室室顶绘有天象图，此为帝王陵墓的一种特殊制度，大致起于秦时。《史记·秦始皇本纪》称秦始皇

---

① 梁思成：《敦煌壁画中所见的中国古代建筑》，见《文物参考资料》第二卷（1951）第五期。

② （宋）李诫：《营造法式》卷四。

③ 鲍鼎、刘敦桢、梁思成：《汉代建筑式样与装饰》，见《中国营造学社汇刊》第五卷第二期，1934年出版。

陵内"以水银为百川江河大海,机相灌输,上具天文,下具地理"。吉林辑安的舞踊冢及角抵冢的天井部均有圆形的天象图,日在东,月在西,其间配置星宿,[①]与李昪陵天象图的格局是一样的,此二冢大致是高句丽两个王的冢墓。

最后,我们从雕刻来看。

(一)李昪陵棺床上方边缘雕刻着回旋的海石榴花纹,这和前室八角形倚柱上的海石榴花纹是一样的。唐代墓志盖的边缘,亦往往有此种花纹。纹的雕法,系浅浮雕上加线雕,宋太祖开宝六年(公元973年)立的嵩岳中天王庙碑碑侧有同样雕法的回旋的宝相花纹。[②]

(二)李昪陵中室北壁上有双龙攫珠的雕刻,珠带火焰,下托云彩。此一图形,起源甚早。四川彭山发现的一座大致是东汉末年的崖墓,其中出有陶佛座,座的下部有双龙衔璧的浮雕,双龙头相对,璧在其间。[③]就画面构图来看,它和李昪陵的双龙攫珠图是相似的。在唐代碑刻中,碑首的纹饰,有许多作双龙攫珠之状。按雕刻图画中龙与珠相联系,大致由古代"骊龙颔下珠"的传说来;至于带火焰的珠,系出于佛教故事,所谓"火焰光珠",为四大宝珠之一。在河南武安县北响堂山北齐石窟中壁上,刻有许多火焰光珠;[④]在敦煌第61窟宋代藻井上,有盘龙口衔一火焰光珠的图画;第234窟

① 《通沟》卷下,插图3、4。
② 伊东忠太:《支那建筑装饰》第三卷(1942年出版),图版118:4。
③ 此座现存南京博物院。
④ 常盘大定、关野贞:《支那佛教史迹》(1926年出版),图版Ⅲ-92。

同,但珠在龙口外;第 310 窟西夏藻井有盘龙爪攫一火焰光珠之图。

综合以上看来,南唐二陵,无论从建筑方面,从彩画方面,从雕刻方面,处处表现着上承唐代的余绪,同时反映着割据江南一隅的小朝廷的经济文化状况。

二陵的建筑,特别是李昇陵,布局整齐规矩,结构谨严,保存着汉唐以来陵墓建筑传统的优点。其细部结构,差不多谨守前人成规,很少有新的创造。以规模而论,比起唐代帝王陵墓,特别是唐代前期几个皇帝的陵墓,要小得多。比起同期的前蜀王建墓来,规模虽差不多,但结构较为复杂。

专作装饰用的柱、枋、斗栱上的彩画,为已知的我国建筑物各部分上装饰彩画存世的最早的例子。我们以往只知道敦煌宋初的窟檐,还存有这类的彩画,其中最早的要算第 427 窟的窟檐,建于宋开宝三年(公元 970 年)。而李昇陵的彩画,最迟亦成于南唐保大元年(公元 943 年),比敦煌 427 窟的至少还早二十七年。这些彩画以及棺床上面的雕刻,其内容差不多全是唐代流行的纹样,而回绕的花叶的活泼多姿,颜色的繁复秾艳,线条的浑厚流美,都是道地的唐代的风格;但比起敦煌壁画边饰内容的丰富,结构的精严,笔调的变化多端,色彩的富丽,则还有不及的地方。比起北宋《营造法式》上的彩画来,二陵还保存唐代的比较生动自由的风格,宋代的则过于规矩,近于刻板的味道。

李昇陵内浮雕的双武士,雕刻者虽极力想表现武士面貌的威严,身躯的强壮,然而稍嫌呆滞;比起唐代石窟中所见和唐墓中所出天王、力士等雕像或塑像来，唐代像神采奕奕，全身筋肉棱起（身披甲胄的像筋肉也可看出来），显出无限充沛的生命力，李昇陵雕像是不如的。比起王建墓棺床两旁的石雕力士像来，王建墓的十二个力士虽同作伸手棺床下作扶抬的形状，而嘴部的动作、面部的表情各各不同，显得非常真实，在这一点上，李昇陵雕像是有逊色的。李昇陵武士像的面貌神情，与成都高晖墓石椁门外的浮雕双武士像最为相似，表现出五代时石雕人像的一种风格。南京栖霞山舍利塔上所雕四天王像，其面貌神情，亦与前二者相似；而舍利塔须弥座周围所雕的海石榴花纹，复与李昇陵棺床上的纹饰近似；因此而栖霞山舍利塔之为五代时物，更多一证明。

总而言之，南唐虽曾据有江淮富庶区域，但到底是偏安局面，外有强敌，其经济力量不够雄厚，基础也不够稳固，这便决定了其文化艺术发展的局限性。所以它虽然从唐代伟大的文化遗产中继承了许多东西，而在各方面都是因袭多而创造少（文学和绘画除外），其闳丽瑰伟的气概，也远逊于唐代。不过无论如何，它保存了唐代的典型，某些地方还下开宋代的风气。我们研究自唐至宋文化艺术发展的历史，这种过渡时期的资料是非常可贵的。

第三章　出土遗物——陶器和瓷器

第一节　陶器

　　二陵出土的陶器,完整的没有一件。由于被盗掘的结果,属于同一器物的碎片,往往散置在不同的地点。从用途上看,二陵的陶器全是容器;但在样式上有很大的差别。为了叙述的方便,我们拟按墓别和陶器样式分别讨论,好使我们既能了解一件器物的特点,又能比较全面地认识这一时期制陶手工业的发展概况。

一　李昪陵出土的陶器

〔一〕尊式罐类

1. 记录

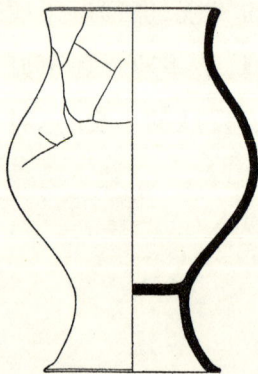

插图60　李昪陵出土的
尊式陶罐

　　南I370（图版47:1）:尊式罐。黑色带麻点的釉,胎作灰红色,含有砂质,底周没有釉子。底侧有一小孔,用途不明。口径17.8厘米,体高36.6厘米。

　　南I371（插图60;图版47:2）:尊式罐。釉色、样式、质料和南I370一样。底侧没有那个小孔。口径18.8厘米,体高37.4厘米。

南Ⅰ374（图版47:3、4）:尊式罐残底。侧有一小孔。灰红的砂胎上,划着"高信"二字。我们认为"高信"是制陶工人的名字。这和在临淄一带发现的汉代陶器上刻的陶工姓名意义是一样的。

2. 综合讨论

这类陶器完全复原好的有 4 件,另有残底部 1 件,口缘、腹部残片共 129 片。无论从复原好的或碎片来看,这类陶器在形式上全是一样的。它很像铜器中的尊形器。它的颈部很短,颈以下向外侈张成为一个大腹,其下又急急收敛,收敛到圈足上部又逐渐向外扩张,一直扩张到圈足的边缘,大小就和口缘相接近了。这种样式,反映了轮盘操作的熟练。器里外都上着黑色带麻点的釉子,涂得很不均匀,厚的地方显得黑些,薄的地方就发出暗黄色,一般的情况是口缘和肩部的釉子要薄些。这类陶器,都有一个向外侈张的高圈足。足外露着陶胎,胎中含有许多细砂粒,发灰红色。口缘外周遗留着很清楚的轮转的痕迹。

这类陶器的口径,一般在 17.5—18.8 厘米之间,腹径 25.5—27.5 厘米,体高 36.4—37.4 厘米,显得比较整齐。器壁最薄的地方有 8 毫米,厚的达 1.2 厘米左右。

这类陶器都已破碎,碎片散布在后室各处,只有少数几片出于前室东侧室的淤土中。

〔二〕灰色无釉罐类

1. 记录

南Ⅰ375:无釉灰陶器残底。器外原涂有白粉及红粉,现已大部剥落。底径 19.7 厘米。

南I376、377：无釉灰陶器残底。同南I375。

2. 综合讨论

这类陶器是在后室淤土中清理出来的。从现存的 3 件残底看，它的样式和尊式罐是相近似的。灰色泥质，杂质很少，是在低温下烧成的一种陶器。从残器上遗留的一些痕迹，我们可以推知当时是采用了如下的方法来装饰这类陶器的：陶工们先把陶器的表面磨光，敷上一层白色的粉底，然后在其上施红粉，同许多的俑一样。这类陶器的底是后来装上去的，即是当器物在轮上做成以后，把一个有相当厚度的泥圆饼从口部塞入，然后把泥饼的周边和器物里部装底的地方用力捏合。为了消灭捏合的痕迹，还经过湿手抹平的手续。这种制陶的技术是相当原始的，从新石器时代就有了。

〔三〕四耳罐类

1. 记录

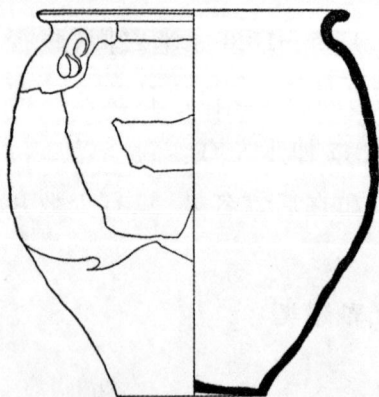

插图 61　李昪陵出土的四耳陶罐

南I379（插图 61；图版 48：1）：四耳罐。棕绿色釉，腹部以下没有釉子。陶胎灰红，制作得很粗糙。平底。口径 19.5 厘米，体高 23 厘米，腹径 22.5 厘米。

2. 讨论

这类陶罐只在前室淤土中发现 1 件。它的底部平而小,口缘敞大,唇部向外翻卷,肩部黏着四个小耳子,耳上没有什么装饰。腹以下露胎,发灰红色,有砂粒。器外上棕绿色釉,上得很不均匀。器是轮制的,腹以上遗留着一道一道凸起的轮纹。

另有南I380残器1件,釉色、质料、制法和南I379一样,但上部残缺,无法知道它的样式。

〔四〕带嘴罐类

1. 记录

南I381（图版48:2、3）:带嘴罐上部残件。棕色釉,胎灰红色。带把,把上模印"大吉利"三字,字上下还有四条直线纹。嘴和把都是后安的。器里也有一层薄釉。

南I382:陶罐残底。胎作灰紫色。腹以上有釉,釉子有两种颜色:一是浅黄色,刷在第一层;一是棕色,刷在第一层的上面,并且好像是以这种釉色画成竖立的直线纹似的。器底径8厘米。

2. 综合讨论

这类陶器在前后室各发现1件。前室出土的1件即南I381,现仅存着腹部以上的残件,颈和口都缺。从残存的形迹看,这类陶器可能有一个长颈和喇叭形的口,肩部两侧,一侧装上嘴子,一侧安着把手。南I382是在后室清理出来的,它里面没有釉子,清楚地遗留着轮制的痕迹。

〔五〕碗类

在李昇陵墓上封土内,掘出几千片的覆碗片。这些碗是专为覆在墓上而烧制的。它们的形状和釉色基本上是相同的。在这几千片碎片中,我们把容易对合的复原了20件,现在选出富有代表性的几件来作研究。

1. 记录

南I401（图版50:1）平底碗。碗里外上着茶绿色釉子,外表下部无釉, 露出灰色胎。碗内黏有16个"托珠"。托珠黄白色,泥制,质较松,含有少量的砂粒。它们紧紧黏在碗内表底部以上的周圈上,成一圆圈。碗外表底与器身交接的转折处有14个原黏托珠的痕迹。碗的口径是18.3厘米,体高6.2厘米。

南I402（图版49:2）：平底碗。样式、胎质、釉色、制法和南I401一样。碗里的托珠已被铲去,只存痕迹。口径18.3厘米,体高5.7厘米。

南I405（图版49:2）：平底碗。样式、胎质、釉色、制法和南I401一样。碗里有托珠14个,其中8个已被铲去。这个碗是所有覆碗中比较完整的一件。口径18.3厘米,体高5.9厘米。

南I408：平底碗。样式、胎质和上述几件一样,釉子剥落得很厉害。碗里的托珠和前几件不同,它们呈椭圆形,每两个之间的距离不等,共有18个。器口径18厘米,体高5.4厘米。

南I406：圈足碗（插图62）。圈足很浅,腹以下露着灰红色胎。器内表及外表的腹以上都上着褐色釉子。碗里黏有

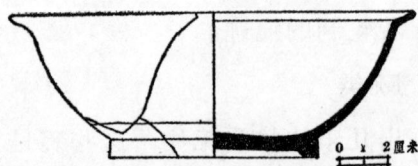

插图62 李昪陵出土的圈足釉陶碗

托珠。口径 17.3 厘米,体高 6.4 厘米。

南I420（图版 49:1）。这是四个碗叠烧的残底,它对我们研究装烧过程是一个很好的材料。

2. 综合讨论

根据上面的记载和其他同类的陶片所提供的材料,我们从釉色、形状、质料、制法、表皮装饰和出土情况六方面来进行讨论。

釉色　有两种釉色:一种茶绿色,一种暗黄色或褐色。这类器的表皮没有经过磨光的手续,这样就给蘸釉工作造成了不良的条件,釉子表面因而显出高低不平的现象。在同一件器物上,高的地方釉子就浅些,有的浅得近乎黄色;低的地方釉子就深些、暗些。再加上蘸釉的技术不好,在釉下包有许多小气泡,结果就使人感到这类器的颜色,不论是茶绿,或是暗黄色或褐色,都是麻麻点点的。

形状　从器物的底来看,有两种样式。一种是平底,即器物的底面可以和另一平面完全吻合,并保持稳定。另一种是浅圈足,各个器的圈足高低不同,宽窄也不一样,它的变化是和器物全部相适应的。

从口缘看,也有两种样式。一种是直向缘,即器物的口缘是按着器物的腹部的曲度伸延的。这种直向缘的器最多,估这类器全部 96% 以上。另一种是外向卷唇缘, 即口缘按着腹部的曲度延伸到一定程度时,开始向外稍稍翻卷成一道隆起的边。

从整个形体看,这类器全是碗形器,它们的高低、大小不一致,在复原好的 20 件碗中,我们没有发现两件完全相同的。另外,碗的口缘的伸展曲度,也不是规则的圆周,有的歪歪扭扭的;甚而同一碗上的口缘,高低也有不同。

质料 质料也分两种:一种胎发青灰色,质料细些,占的数量很大;一种胎发红。这两种质料都含有水泡,胎发红的质料里水泡要多些、大些。此外,这两种质料里都没有参杂着什么杂质,连砂粒也很少发现过。

制法 这类器全是轮制的。在窑中叠烧而成,即是一个碗叠在另一个碗里。现在发现的有 6 个碗叠在一起的。为了防止碗和碗互相黏着,陶工采用了"托珠"的办法。这种办法是当坯子干了以后,碗的里外都刷上釉子,然后用一种含有砂质的黄白色泥土,在手里搓成圆形或椭圆形的泥珠,再一个一个地放到碗底中央的周围,围成一个圆圈,其大小比碗的底径要稍大些,恰好使另一件碗的底部放到托珠上面,而不与下面的碗相接触。托珠是信手放进去的,距离不一,数目不等,一般的是 14—19 个(参看图版 50)。利用托珠是很方便的。一是碗和碗不会黏着;一是这种含有砂质的托珠比"托钵"、"托圈"方便,容易做,烧好后,用刀子一铲,托珠就掉下来了。我们揣测烧造这类釉陶器的作坊是临时建立起来的,或者就是为了修建这座陵墓而在工地附近专门设置的一个小窑场。因为要赶着生产,所以就用托珠来代替托钵、托圈一类的烧造工具。托珠的好处是简单、方便,适合于大量的需要。对托珠的使用在六朝时已很普遍,六朝许多青釉器物,就是用这个方法烧造的。

另外,在中室顶上探沟内,我们发现了一片仅仅"素烧"后还未经过"釉烧"的釉陶片,碗里已经贴好托珠。这就说明:这类器是经过素烧和釉烧两道手续的。这是一种比较进步的技术。

表皮装饰 坯子的表皮是经过湿手抹平的,现在还有许多指纹遗留在上面。抹平以后,再上釉子。上的次序是先上器里,上得很匀;至于器外的釉子,只在口缘以下部分随便刷几下就算完事,结果不仅底周露着陶胎,而且釉子的边缘也极不整齐,甚而有的釉子当中还露出一处、两处素胎。这些都足以说明烧制工作的草率和匆忙。

出土情况 这类碗放在墓室顶上封土中,每层都是密密麻麻地平铺着的,没有重叠的现象。它们全是口缘向下。因为封土经过夯筑,覆碗都压碎了,但它们的位置是没有变动的。

〔六〕其他

南I383:残小碗。它制作得很粗糙,器表皮高低不平,没有釉子,器内表及口缘有茶绿色釉。平底,壁厚到6—8毫米。口径10.4厘米,体高3.7厘米。前室出土。

南I384:无釉砂质器。表皮灰色,胎发红。仅存腹部残片2片,也是前室出土的。

南I385、386:小罐2件。灰色胎,腹以上有棕色釉。现只存下部,都是后室出土的。

以上三种陶器,和前面叙述的(三)、(四)两类陶器在釉色、质料和制作上没有什么大的区别。

二 李璟陵出土的陶器

李璟陵清理出来的陶器很少,没有在李昇陵里看到的那种尊式罐,也没有那种四耳罐。从体形上看,李璟陵的陶器约略可以分做三类,现在分别叙述。

〔一〕带嘴罐类

1. 记录

南Ⅱ191:残罐。现仅存 2 片, 1 片为颈部到肩部, 1 片为腹部到底部。平底,底周没有釉子,胎色灰中发红,胎里含有一些水泡。器外涂有深绿色釉,有的部分发蓝色。从残存的两片看,这种陶器可能有一个长颈。

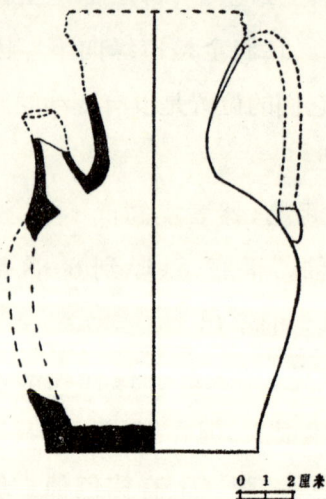

插图 63 李璟陵出土的带嘴陶罐

南Ⅱ192:带嘴罐(插图 63)。平底,底周露出灰红色胎,器外涂有褐色釉。肩部两侧分别安着嘴子和把手。

南Ⅱ193:喇叭口带把残器。平底,底周没有釉子,胎作灰色。器外刷着暗黄色的釉子,口内刷着茶绿色的釉子。它保存着一个完整的喇叭口,口的直径是 7.7 厘米。喇叭口的下侧还安着一个把子,把子上面有直线纹。它不同于南Ⅰ381 的是肩部的另一侧还安着一个环状的小耳,耳上没有什么装饰。

2. 综合讨论

这类陶器在前室清理出 2 件(即南Ⅱ191、193),后室清理出 1 件(即南Ⅱ192)。就底径的弧度、体高、制法和釉色来看, 3 件陶器可能都是有嘴、有把、有喇叭形口的器。它们制作得比较粗糙,泥质中夹杂着砂粒。在装烧时,这类陶器由于受到高温的影响,部分釉色起了变化,有的发白,有的发蓝。这种由于制造过程而发生的釉色的变化,很显然,在这时还没有被人用来当做一种特殊的装饰来看待。

〔二〕其他

南Ⅱ194:盆形器底部残件。出于前室淤土中。这器的底是平的,直径在 20 厘米以上,腹部外侈,腹以上缺。灰色胎,里外都没有釉子。

南Ⅱ195、196:小底陶器 2 件。中室出土。它们都只存底部,底以上全没有了。从残存的情况看,这两件陶器的质料是很粗的,夹杂着小砂粒,器壁较厚,平底,灰色胎,没有釉子。底的直径是 5.7 厘米。

第二节　瓷器

二陵出土的瓷器在数量上虽然很少,但在提供研究我国制瓷工业的资料方面,却有特殊的价值。现在,我们仍按第一节的方法分别叙述讨论。

一　李昇陵出土的瓷器
〔一〕白瓷类

李昇陵各室出土的白瓷片大小共 89 片,现在除复原成

4 件比较完整的器物外,尚有口缘残片 19 片,腹部残片 11 片,底部残片 4 片。我们讨论的材料就尽于此。

1. 记录

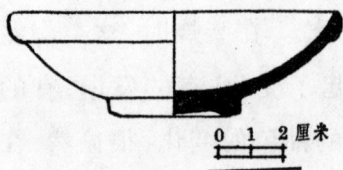

插图 64　李昇陵出土的小瓷碟

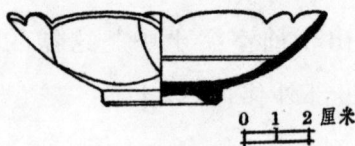

插图 65　李昇陵出土的葵瓣
口瓷碟

南 I388（插图 64;图版 48:5）:卷唇小碟。灰白色釉,浅圈足,圈足及底均露着瓷胎,亦作灰白色。圈足外周有旋削的痕迹。口径 10.2 厘米,体高 3 厘米。

南 I389（插图 65;图版 48:4）:小碟。口缘作葵瓣状,浅圈足。灰白色釉,瓷胎细白。周身清楚地遗留着轮制的痕迹。口径 10.2 厘米,体高 3 厘米。现仅存一半。

南 I390:卷唇碗。瓷质比较粗糙,瓷胎白色微带黄,胎里有许多小水眼。浅圈足,门缘外卷。灰白色釉,唇边因为积釉较多的缘故,隐约地现出青色。口径 19 厘米,体高 6.7 厘米。

南 I391:平底小碗。现仅存一半。灰白色釉,底部没有釉子,露出白色瓷胎。底径 3.5 厘米。

南 I392:碗口缘残片 19 片。白色胎,上纯白色釉。壁极薄,约厚 3 毫米。有 1 片为从口缘到底的残片,底有浅圈足,径 5.6 厘米;器高 5.3 厘米。其余 18 片全系口缘片,皆为葵瓣口,但凹下的弧形槽子甚浅,不过一毫米。器内表还有凸起的小直棱。

南I393：碗腹片 11 片。胎质、釉色、壁厚及内表直棱均同南I392 一样。

南I394：碗底片 4 片。皆有浅圈足，径 5.8—6 厘米。胎质、釉色、壁厚均同南I392 一样。

2. 综合讨论

釉色　有两种釉色：一种白色，有闪光；一种灰白色。两种分别极小。大凡釉子较厚的地方，如卷唇的唇边，釉色就显得深些，暗些，甚而还有稍稍现出青色的。这两种釉色显然是因为施在不同胎质的器物上而有分别的，胎细而薄的颜色洁白，胎粗质厚的颜色就显出灰白色。

形状　从底片看，8 件底片之中有 7 片是属于圈足一类的，另 1 片是平底。圈足都露着胎地，周围旋削得不整齐。凡是纯白色釉的器物，圈足较高，其足内的深度一般是 4—5 毫米。平底的 1 片，其底部与他一平面接触时，能完全吻合。底部露胎，上面还遗留着当轮盘逐渐趋向静止时用一种宽约 4 毫米的小刀铲下来的刀痕。

从口缘残片看，有两片向外卷唇，即是当泥坯尚未十分干燥的时候，在轮盘上趁着均一的运动，在器物的口部外缘做成一道稍稍向外凸出的卷唇。另有几片是"葵瓣口"，它有两种样式：一种样式是在口缘的正面，趁着泥坯未干的时候，用刀很钝的工具压成下凹的弧形槽，每两个弧形槽之间的距离基本上是相等的，结果口缘就被区分成等距离的有起伏的花瓣形的样子；另一种比较复杂些，它是在泥坯未干之时,用钝刃的工具,在口缘正面接连压两个弧度相同的下凹的槽子,然后再接连着压出一个桃状尖瓣,这三个就组成了一组图案(图版 48:4),依次以等距离向口缘其他部分伸展,结果就成了一种富有变化的样式。葵瓣口瓷器的体形不外两种:一种是口径约 10 厘米、体高 3 厘米的小碟,一种是口径 17—19 厘米、体高 5—6 厘米的碗。

质料 这类瓷器的质料是含有铝质的矽酸盐在地下经过水的作用分解而成的"高岭石"。制造瓷器时,把高岭石磨成粉末,加水搅拌成浆,慢慢使其杂质沉淀,然后用上层的纯洁的浆泥做坯。这种坯子,因为经过"冲陶"的手续,就显得十分匀净、坚实。就李昇陵出土的白瓷片来看,它们的质料都是经过"冲陶"的加工的。正因为质料比较纯净,瓷器的壁也就能制作得较薄,最薄的地方只有 2—3 毫米。

制法 瓷片本身所带的条件,即遗留在器底的由于轮盘转动所造成的同心圆圈,遗留在器外釉下的由于在轮盘转动中进行的旋削加工而造成的较为凸起的条状痕纹,以及器物在体形上的完全对称、同一厚度等,都足以说明这类瓷器是在一种已经能够完全按照人们的意志来灵活操纵的速度均匀而迅速的轮转机械上制造成的。它们也足以说明南唐一代的制瓷工人充分掌握了这种有着悠久历史的操作技术。

这类瓷器是放在什么样式的窑里烧成的?用的是什么燃料?窑里的温度是多少?器物是如何装在窑里的?对这些问题我们所获得的材料还不能提供适当的说明,这是令人不能满意的。不过,这类瓷器的圈足周圈都没有釉子,而且圈足上部的周围有时还有流釉现象,这些就可以证明它们是"正烧"的。器物与器物之间有没有"托钵",还没有发现什么线索。另外,这类瓷器是分做两次蘸釉的,先蘸器里的釉子,等稍干燥,再蘸器外的釉子。

表皮装饰 从露胎的部分看,瓷胎表面的处理经过两道手续:(1)磨光,(2)上釉。器物表皮经磨光后,先后在里外上釉,厚度不到1毫米。这类瓷器都没有花纹,也没有凸饰。值得注意的是好几片口缘残片上的装饰。在口缘上面压成下凹的弧形槽子的地方,槽子的正下方就凸出一条与弧形槽子成垂直的两端细小而中央隆起的线状凸饰。根据我们的观察,这种装饰是利用"堆釉"的技术做成的。

出土情况 这类瓷器出土的情况如下表:

表一 李昪陵白瓷片出土情况表

前室			中室			后室
主室	东侧室	西侧室	主室	东侧室	西侧室	
64	8	2	9	0	4	2

根据上表来看,前室出土最多,中室次之,后室只出极小的两片。我们认为这类瓷器的原来放置地点,大致是前室东侧室的砖台上(以墓中随葬品的多,一类瓷器似不会分放在好几室内),当墓被盗掘的时候,盗掘者为着找寻珍宝,将瓷器从砖台上一一扔出,所以前室主室中出土的这类瓷片特多。至于中室和后室所出的,可能这两室原来有一两件这类瓷器,也可能从前室带进去的。

〔二〕青瓷类

这类瓷片只发现 3 片，其中两片较大的略可窥知形体。

南I395：口部残片。从形体上看，它是一件高颈喇叭口器口部的残片。绿黄色釉，釉下有细"开片"，器里接近腹部没有釉子，露出灰色的瓷胎，胎很坚实。它是在后室出土的。

南I396：圈足及底部残片。绿黄色釉，浅圈足，周圈露出灰色瓷胎，并且旋削得很不整齐。器里没有釉子。它是在中室东侧室出土的。

南I397：腹片。胎质、釉色和前两件一样。

以上 3 片，质料、釉色绝对相同，大致属于一器。

〔三〕青釉粗瓷类

这类瓷器质料比较粗，有两层釉，上层淡青色，下层灰白色。

南I400：圈足碗。灰色胎，上两层釉，下层的灰白色釉是普遍的，上层的淡青色釉疏疏落落的，沿口缘釉较厚，成浅绿色，有细开片，并有流釉现象。口缘外侈，浅圈足，底周没有釉子，器里及足周圈均有托珠的痕迹，表示这类器同墓上封土中的覆碗一样，是放在窑里叠烧的。口径 16.5 厘米，高 5.4 厘米。前室出土。

南I398：圈足碗底残片。胎质及制法同南I400 一样，残余的釉作灰白色。底径 8.6 厘米。前室出土。

南I399：圈足碗底残片 2 件。胎质、制法、釉色同南I398 一样。底径一为 8.6 厘米，一为 9 厘米。后室出土。

这类瓷碗将和李璟陵的一类瓷碗合并来讨论。

二 李璟陵出土的瓷器

〔一〕白瓷类

李璟陵出土的白瓷片共 130 片,除已复原成比较完整的器物 3 件外,尚有口缘残片 33 片,腹部残片 41 片,底部残片 12 片。

1. 记录

南Ⅱ199（插图 66；图版 51:1）：葵瓣口碗。浅圈足,底周露胎,胎细而白,极薄。通体上着灰白色釉,底部有流釉现象。口缘作葵瓣口。口径 16.9 厘米,体高 5.8 厘米。

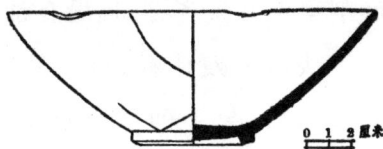

插图 66　李璟陵出土的葵瓣口瓷碗

南Ⅱ200（插图 67；图版 51:2）：葵瓣口碗。胎质、样式和南Ⅱ199 一样,不同的是器壁更薄些,釉色白些,口缘涩些,并且有一道稍稍隆起的线纹。口径 15.6 厘米,体高 5.8 厘米。

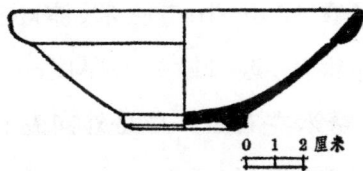

插图 67　李璟陵出土的葵瓣口瓷碗

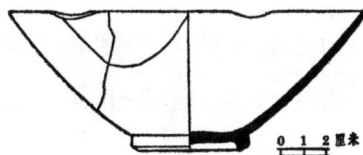

插图 68　李璟陵出土的卷唇小瓷碗

南Ⅱ201（插图 68）：卷唇小碗。浅圈足,底周没有釉子。瓷胎白色略发黄。通体上灰白色釉,卷唇的边缘釉子积得较厚,因而颜色也就显得深些。口径 12.5 厘米,体高 4 厘米。

2. 综合讨论

釉色　釉色分做两种:一种白色,一种灰白色。两种都有流釉现象。釉子较厚的地方,稍现灰绿色。这两种釉色,和"邢窑"器的白釉很相像;比起"定窑"来,就显得阴暗些,灰些。

形状　从底部残片看,这类瓷器全是圈足底。圈足外周旋削得不甚整齐,并且没有釉子。

从口缘残片看,有三种样式:一种是葵瓣口,一种是外向卷唇口,另一种是外撇成唇缘的口。凡是葵瓣口的外缘,都可以看出旋削的痕迹,一般的口缘厚度仅达 1.8 毫米。从卷唇口的口缘,可以看出陶工在制器的时候,将口缘宽 8—12 毫米的一条翻转下来,捏合而成卷唇,有些地方捏合得不够紧,还留有小空隙,捏合后还在表面施行过磨光的加工。

从整个形体来看,计有三种器。一种是葵瓣口碗, 口径在 15.8—16.7 厘米、体高在 5.5—5.7 厘米之间。这种器体很薄,近口缘处的厚度一般的是 1.8 毫米,近底处也不过 4 毫米左右。一种是外向卷唇口碗。小的口径 12.6 厘米,体高 3.6 厘米;大的口径在 22 厘米以上,体高不知道。口缘的厚度是 4—5 毫米,近底处是 4 毫米。另一种是撇口碗, 口径在 24 厘米以上,体高不知道, 口缘厚 2—3 毫米。

质料　质料很匀细,一点杂质也没有,全部是用经过"洗泥"手续的高岭石粉做成的。

制法　这类瓷器是轮制的。它们的制作过程是:当坯子作好以后,用湿手抹平,然后用刀刮的办法消灭手抹的痕迹,结果就在器的外表皮上留下一道一道的稍稍突起的硬棱。这类瓷器的底部碎片上,有的粘有炼成块状的小石子和烧土渣,这就说明了当瓷器装入匣钵以前,陶工们曾用一种含有小石粒的灰土铺在匣钵里面。

表皮装饰 麦皮处理与装饰和李昇陵出土的白瓷器大致相同,不同的是没有发现过"堆釉"的技术。

出土情况 这类瓷器和瓷片大都是从前室清理出来的,只有两片是在中室门券下发现的。南Ⅱ199、200、201都是在前室东侧室内发现的,靠近东侧室的前室东北角清理出碎瓷片15片,东南角清理出22片,前室西侧室内清理出5片。根据这个情况,我们揣测这类瓷器原来主要是放在前室的东侧室内的,因为盗掘者的扰乱,其中一部分就被散置在靠近东侧室的两个角落里了。

〔二〕黄釉粗瓷类

1. 记录

南Ⅱ206（插图69；图版51:3）:小瓷碗。平底,口缘稍向内敛。器上部内外均上浅绿黄色釉,釉下有细开片。下部露黄灰色瓷胎,胎质极坚实。

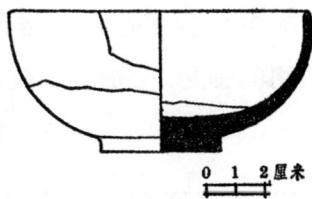

插图69 李璟陵出土的小瓷碗

口径10.4厘米,体高4.6厘米。它是在中室门券下发现的。

2. 讨论

在样式上,这件瓷碗和隋代卜仁墓出土的青瓷碗大致相同。同样的瓷片，我们在南京城内小营地方拾到好多。它们的底是利用线或毛鬃一类的东西，趁着轮盘转动的时候，陶工用两手紧捏着线或毛鬃的两端向器物的底下拉进，当拉到底部直径一大半时，两手合并，以比较快的速度从底下拉出，这样器物的底就和轮盘离开了。由于这种操作过程，器物的底部遗留着一个箕形的轮纹，这是一个特点。

在上釉方面，这件瓷器提供给我们一个十分好的材料。王振铎同志曾经谈过这样一段话："碎瓷（即开片）的成因是由于两层不同熔点的釉子在同一温度下烘烧，两层釉子在相接的地方彼此相影响，便发生碎裂纹。"这段话现在得到了证明。这件碗的上部，先刷了一层白色的不透明的釉药，然后在它的上面刷上现在变成浅绿黄色的釉子。当时，这两层釉子刷得并不整齐，有些地方只刷了第一道釉，有些地方没有刷第一道釉，就直接把第二道釉刷在器物上。结果，只刷第一道釉的地方釉色灰白，不透明；直接把第二道釉刷在器物上的，就没有开片；同样的釉药，刷到第一道釉上的就出现了开片。这里，所谓的第一道釉，可能还不是专门用的釉药，而是用来掩藏胎质灰黯和缺点的一种料土。

〔三〕青灰色釉粗瓷类

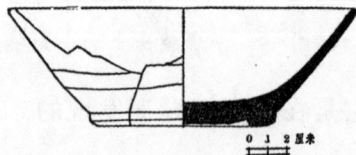

插图70　李璟陵出土的青灰色釉瓷碗

南Ⅱ207（插图70；图版51：4）、208：碗2件。都是中室出土的。上青灰色釉，浅圈足，底周没有釉子。瓷胎黄白色，质松而多水眼。碗里中央有宽约1厘米的圆圈露出瓷胎,这是为便于叠烧的。表皮虽经旋削加工,但不十分平整,再加上泥坯内含有许多水泡和砂眼,器物表皮就显得麻麻点点的。两件大小一样,口径18.7厘米,高6厘米。南Ⅱ207碗底圈足内,有一个用墨笔写成的"马"字,它可能是制瓷工人的姓,他自己写上的。

南Ⅱ217、219:碗残底2件。质料、釉色、制法、形状都和前两件是一样的。南Ⅱ217在墓门外挡土墙附近出土,南Ⅱ219在中室出土。

〔四〕粉底粗瓷类

这类瓷器和李昪陵出土的南Ⅰ400青釉粗瓷碗很有关系,并且能相关地说明一部分制瓷过程,是很重要的发现。

1. 记录

南Ⅱ209(插图71;图版51:5):粉底碗。浅圈足,口缘外侈,足周圈及器底露出瓷胎,胎灰色,略发紫。碗的表皮稍稍磨光,其上有一层白色的

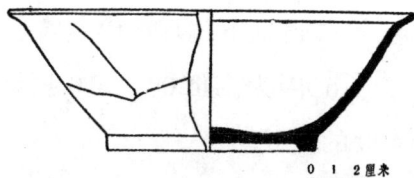

0 1 2 厘米

插图71　李璟陵出土的粉底瓷碗

粉样的釉子。器里及足周圈均有托珠的痕迹。口径17.5厘米,体高5.6厘米。前室出土。

南Ⅱ210:粉底碗。一切同南Ⅱ209一样,惟胎色稍浅,不发紫而发红。口径16.4厘米,体高5.3厘米。后室出土。

南Ⅱ214:粉底碗残件。同南Ⅱ209一样。前室西侧室出土。

南Ⅱ215、216:粉底碗残件2件。同南Ⅱ209一样,惟胎

质作红色。前室出土。

2. 综合讨论

为了便于说明问题,我们把这类瓷器,特别是较完整的南Ⅱ209 和能看出形制的南Ⅱ210 两件,同南Ⅰ400 作比较,并且进一步说明这类瓷器的烧造方法。

(1)南Ⅰ400、南Ⅱ209、210 3 件瓷碗的质料、形状完全一样,不同的是釉子。

(2)3 件泥坯都经过"素烧"。

(3)素烧好了,再刷上一层白色粉样的釉药。

(4)南Ⅱ209、210 两件是未曾完工的器,即是说素烧好了,刷上白色粉样的釉药以后,再没有经过"釉烧",就拿来随葬。

(5)南Ⅰ400,刷上白色粉样的釉药,稍干后,再刷上一层绿色的釉药,然后装进匣钵去烧。由于两层釉药的熔点不同,第二道釉下就现出碎裂纹。

(6)因为南Ⅱ209、210 只烧过一次,所以瓷质就不如南Ⅰ400 的坚硬。

(7)刷在南Ⅱ209、210 器内外的白色粉样的釉药,如果经过火烧,也会发生氧化作用,变成半透明的灰白色釉。这从南Ⅰ400、398、399 可以得到证明。

(8)从二陵出土的瓷片来看,这样的瓷器至少有 11 件。其中成品 6 件,除李昪陵所出的 4 件(南Ⅰ400、398、399)外,李璟陵还出了 2 件:1 件是南Ⅱ212,后室出土,同南Ⅰ398、399 一样;1 件是南Ⅱ211,前室出土,同南Ⅰ400 一样,不过第二道釉上得厚些,成灰青色。半成品有 5 件(即南Ⅱ209、

210、214、215、216），都是李璟陵出土的。从这里我们可以看出一个情况：李昇陵出土的这类瓷器全是成品，李璟陵有成品，也有半成品，并且半成品多于成品。为什么样式、制法完全相同的瓷器有这种情况呢？从它们的相同点看，可以说明二陵修建的年代是相距很近的；从半成品看，可以说明李璟陵在修建上是较匆忙的，草率的，俭约的。这一点从李璟陵的建筑、陶俑的制作、哀册的质料和样式上早就得出了结论，我们这里的材料只是一个很小的补充而已。

〔五〕绿釉粗瓷类

1. 记录

南Ⅱ218：碗。灰色胎，底作红黄色，由于泥坯中含有许多水泡和砂眼，器表皮便凸凹不平，显得麻麻点点的。圈足较高，口缘略向外卷。足圈以内露胎，此外通体都上浅绿色釉，口缘内外约1.5—2.4厘米宽的一圈，釉上得厚些，所以色也深些，并有流釉现象。器口缘厚5毫米，底部厚8毫米，口径17.6厘米，底径6厘米，体高6.7厘米。中室出土。

2. 讨论

这件和下面就要叙述的1件青瓷碗最为接近。两件形式是一样的，不过这件口缘略厚。通身上釉也是一样的，不过这件碗里中央也有釉，而青瓷碗无有。釉的颜色也相近，不过这件浅些，而且不透明。胎质当然这件粗些。

〔六〕青瓷类

现在来讨论一下李璟陵出土的唯一的1件真正青瓷器。它的发现是很重要的。

1. 记录

南Ⅱ205（插图72；图版51:6）：青瓷碗。灰色胎，泥极匀细。口缘外侈，圈足较高。除足圈以内及碗里中央外，通体都上浅绿色釉。釉在器的表皮上是透明的；器外表釉下还显出较深的绿色直线纹，如瓜棱状；内表釉下也有较深的绿色线纹，两条或四条直的或曲的平行线组成纹饰。接近口缘的器壁厚4毫米，底部厚7毫米，拿起来重沉沉

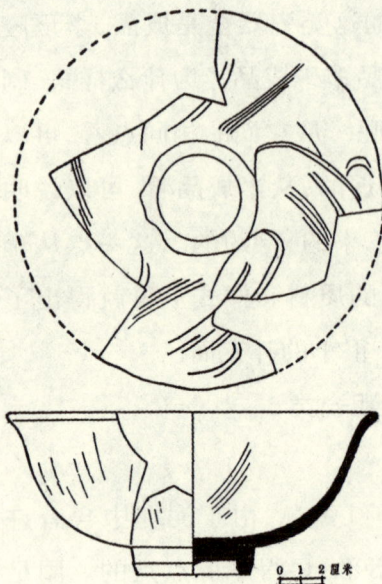

插图72　李璟陵出土的青瓷碗

的。它的口径是17.5厘米，底径5.5厘米，高7.5厘米。前室出土。只有碎片5片，复原成1件不全的器。

2. 讨论

从器上的划纹，可以看出当时是用什么方法划成的。外表的划纹，系用一种带尖或带刃的工具从器口缘到底部划着一道一道的直线纹，每两直线之间距离大致相等，整个形体便成瓜棱状。器里的划纹，是用两种梳状工具，一种二齿，一种四齿，相配合而划成的。花纹是成组的，每组的内容一样。起先，从器口缘到底部，用比较细的四齿梳向左斜划一下，成一道长约7厘米的四条平行线纹；其次，在它的左侧稍

下的地方,用比较粗的二齿梳又斜划一下,成一道二条平行线纹,这道纹与第一道纹略成平行排列,长度亦大致相等;再次,在第二道纹的左侧,又用二齿梳斜划一下,在快要完的时候,还向右弯转成弧线;这样就构成三道有一定距雕的平行线纹;最后,在第三道纹的左上侧,用二齿梳划一个半圆的弧形纹。这样,一组花纹便构成了。全碗共有四组这样的花纹。这种花纹给人的感觉是有直线,有弧线,简单而不呆板。由于在器胎上划纹,纹线凹进去,上釉的时候,釉子就堆积在里面,所以有纹的地方,釉色就显得深些。

这个碗的器里中央没有釉子,露胎的地方形成一个直径5.4厘米的而不十分规则的圆,它的周边有被另一器底所压、因而破坏了它的自然凝结的光洁面的痕迹。再看这个碗的圈足,足底一圈没有釉子,但打磨得很光。根据这种情况,我们揣测这类碗在烧的时候也是叠烧的,并且是不用什么托珠、托钵之类的工具作避粘的介质,而是直接叠在一起的。

第三节　论二陵出土的白瓷器和青瓷器

二陵出土的瓷器为研究我国瓷业史提供了珍贵的科学材料。

关于我国瓷业的调查工作,应该承认是做得不够的。在过去,浙江境内的修内司窑、龙泉窑,河北境内的磁州窑,都曾经过调查,结果表明:科学调查最能提供可靠翔实的资料,最能补充和修正文献材料的不足或错误。解放以后,考古工作者实地调查了定窑、邢窑、扒村窑、耀州窑、广元窑、岳州窑、石湾窑、景德镇窑、晋江窑、德化窑、水吉窑以及其他许多古窑,搜集到许多原始材料和现场情况,使我们能够比较系统地了解古代瓷器的制作方法以及成品的样式、质料、釉色、装饰等,从而逐步地把我国古代瓷业的研究工作纳入科学的领域。

实地调查瓷窑是占有资料的第一个方法,它所搜集到的资料是第一手的。第二个方法就是研究古代遗址和墓葬出土的瓷器。

我们知道,古代遗址和墓葬的出土物,是说明有关历史时期物质文化的最好的实物材料。在器物断代方面,有关的遗址或墓葬的出土物是最有力的根据。1952年宜兴西晋周处墓中出土的一批青瓷器就是研究晋瓷的最好的标本。

二陵出土的瓷器虽然很少,但值得我们十分重视的理由就是这样。

南唐这个国家在时间上虽然只有短短的三十九年(公元937—975),但它的疆域同当时的其他国家来比较,还算是辽阔的。尤其是它的自然条件的优越和物质资料的丰富,各国很少能够与之媲美。还在杨吴时代,已经是"江淮间旷土尽辟、桑柘满野"、"三十余州、民乐业者二十余年"①的富国。南唐建国以后,在李昪在位的七年间,"兵不妄动,境内赖以休息"②,这就是江南经济暂时苏醒繁荣的条件。制瓷手工业的发展,只是这种经济情况的一个很小的反映而已。

关于南唐制瓷手工业,我们过去知道得很少。文献材

---

① 《资治通鉴》卷二百七十八。
② 陆游《南唐书》卷一。

料,我们只从黄矞《瓷史》中看到一条:

> 邑人有刘庆者,昔从军至宁国南陵县,掘壕沟,发
> 一古冢,系南唐保大年号砖砌者。中得一碗,上肆而下
> 敛,作平坦势,唇缘外倚,无釉,底顽实,足亦糙,内起
> 六棱,色卵青而微灰,碎纹如毛,近足处釉乳绀黑,若
> 浮拭以漆,苍然混玉,厚近二分,然于烈日中照之,光
> 莹欲透。南陵古宣州域。①

按照黄矞的意见,宣州窑就是南唐的一个瓷窑。他说:
"宣州瓷器,为南唐所烧造,以为供奉之物者。南唐后主尤好
珍玩。"②这样看来,宣州窑可能就是南唐的官窑之一。在唐
以前,虽然早已出现了专为统治阶级服务的各种"官营手工
业",但在制瓷方面还没有发现以制作供皇族统治集团需要
的物品为其首要目的的窑场。到了五代,由于封建割据所形
成的独特的地方经济的抬头,许多官府窑场出现了。后周的
柴窑,吴越国的秘窑,蜀国的蜀窑和南唐的宣州窑等,就是
最好的例证。

宣州窑烧造的瓷器,黄矞看见的是一件"色卵青而微
灰"的撇口碗。怎么叫做"色卵青而微灰"呢?"卵青"指的
是"鸭蛋青",鸭蛋青微带灰色,我们认为还是近于白色的。
到了明代,王世贞对宣州窑有过这样一句描写:"泻向宣州
雪白瓷。"③这就说明宣州窑烧造的是白瓷了。

在地方志中,关于宣城烧瓷的记载很少,尤其是关于南

---

① ② 黄矞:《瓷史》卷上。
③ 黄矞《瓷史》卷上引。

唐时代的就没有材料。只《宁国府志》上说："明时宣城岁贡白瓷。"[①]这记载可与王世贞的诗句互相参照。

据此,我们揣测二陵出土的白瓷可能就是宣州窑的产品。这有什么根据呢?理由如下:

1. 二陵出土的白瓷,从形体上看,是"上肆而下敛、作平坦势"的。

2. 二陵白瓷的釉子,有些带灰色,而且有少数几片微现卵青色。

3. 黄矞所谓的"内起六棱",可能就是我们在前面所提到的那种葵瓣口碗用堆釉做成的棱状突起。这种葵瓣口碗一般是被作成五个瓣状,但并不很规则,也可能有六瓣、七瓣的。

我们承认,这三点论据是太单薄些,但这并不妨碍我们作出这样一个假设:这种假设是得到科学解释的一个必要阶段。[②]如果我们能对宣州窑址进行实地调查,就很可能解决二陵出土瓷器的烧制窑别问题。

为了对这问题作进一步的研究,我们再把二陵出土的瓷器作一全面的考察。

1. 从釉色上看,有白瓷、青瓷的分别。白瓷和邢窑、定窑近似,青瓷兼有越窑和龙泉窑的釉色。以数量来看,白瓷较多,青瓷二陵只各出一件(这里说的青瓷,是指真正的青

---

① 《宁国府志》(嘉庆刊本)卷十八《食货志》。
② 详见〔苏联〕普·科普宁《假设在认识中的地位和意义》,《人民日报》1955年2月27日第三版。

瓷器,青色、绿色釉的粗瓷器都不计在内)。

2.白瓷器一般都是很薄的,器外没有什么划花、印花一类的装饰,只有口部作成葵瓣的形状,有的器里出现很低的棱状突起。

3.白瓷的样式比较简单,都是"上肆而下敛"的大小不同的碗形器,没有发现其他的样式。

4.青瓷胎质较厚重,有的有"碎纹如毛"的开片,有的装饰着简单的划花,还没有发现较繁复的几何图案,也没有写实的图画,更没有浮雕的装饰。

5.青瓷系统,除了碗形器以外,还有一种喇叭口的高颈瓶或壶。

这样看来,如果二陵出土的白瓷系宣州窑所烧,那么为数极少的青瓷或者来自他国。具体地说,我们认为这种青瓷器可能是从吴越国得来的。在当时吴越烧造的青瓷器,既可以大量地作为钱氏统治集团用来"进贡"的名贵的方物土产,当然也可能作为礼品赠与邻国的统治者,这在道理上是讲得通的。正因为是名贵的礼品,李昇父子死后用它来随葬,也是可以理解的。假使这个揣测是正确的话,这两件青瓷器对于研究吴越国的瓷业就有很大的价值。

白瓷究竟是否宣州窑所烧,我们暂且不加肯定,只就它的素朴的形状、两种白色的釉子、制作葵瓣口和堆釉的技术等方面来观察,我们得出了如下的几点认识:(1)就体形上讲,南唐瓷器继承了唐代流行的撇口样式和葵瓣装饰;(2)就器壁来说,是向薄的方向发展,这只要和唐越窑器比较一下就可以清楚；（3）就釉色上讲，它是从白色釉上带着斑斑点点的杂色釉子进步到单一的白色釉；（4）出现了堆釉的技术。这四点对于我们研究宋代瓷器是有帮助的。

可注意的是：二陵出土的白瓷器全部是碗形器，不像宋代一样有大量的盘、尊、洗、瓶、奁、枕一类的陈设品兼日用品。也不像唐代一样有双耳瓶、执壶一类的东西，它们全是为日常实用而制作的。就制作目的来说，它们和陶器最为相近。

无论从瓷器的形状、釉色或装饰（包括装饰技术和图案）来观察，南唐瓷业和吴越瓷业的关系是很少的。换句话说，越窑系统的作风并没有在南唐的制瓷手工业中得到应有的地位（二陵出土的粗瓷器多少还继承了六朝以来青瓷的传统，但这和当时的真正的越窑是有很大的区别的）。相反地，二陵出土的瓷器，倒是可以被认为和北方制瓷手工业有着极为直接的联系。这是为了什么呢？我们认为可以从瓷器专为日用而制作这件事实来解释。瓷器本是沿着陶器改进而发展产生的。这一论据只有时间上的先后，绝无地方性的不同。这话的意思是说：瓷业愈是接近萌芽时代，瓷器的形状、装饰就愈和陶器相近似；愈是进入发达的阶段，它离开陶器的样式、装饰就愈远，愈富有创造性。我们似乎可以说，吴越国瓷器是瓷业发展较快的例子，而南唐国的则说明还处在一个不十分发达的时代。

就制瓷（包括粗瓷在内）技术而言，有三点值得我们注意：（1）"堆釉"的作法，（2）"素烧"和"釉烧"两道工序，（3）

由于用两种不同熔点的釉药而发生"开片"。这些都是二陵出土物所提供给我们的新的消息。由于材料不够丰富，我们只是把观察所得的原原本本写出来罢了。

总之，二陵出土的瓷器补充了我国瓷业史上的一个空白，使我们对瓷业发展过程有了较多的知识。研究陶瓷的科学工作者要完成我国瓷业史的著作，必须把古窑址的实地调查、古遗址和古墓葬的出土物的研究以及文献材料的搜集与钻研三者密切地结合起来，不可偏废。我们这里不过供给一些材料而已。

第四章　出土遗物——陶俑

第一节　男女陶俑

一　出土情况

男女陶俑是二陵随葬品中数量最多的一类,总数共达190件,为研究晚唐五代的雕塑艺术和服饰制度提供了丰富的材料。下面把它们出土时的情况作一简述。

〔一〕李昇陵

李昇陵出土的男女陶俑计136件,这些俑都是可以看出全形的,碎块不计算在内。就各室出土的数量来说,以后室为最多,计53件;中室次之,计48件;前室又次之,计29件。在墓门前也出土了6件。

男女陶俑出土时,位置相当凌乱,绝大部分都经过盗掘者的扰动。同一件俑的头部和身部,往往会在不同的地点发现,也有找不到头部或身部的。只有墓门前封门石与靠东的挡土墙之间所发现的6件女俑比较完整,没有受过扰动,并有6件陶座同时出土(图版111:1)。

墓内各室出土的男女陶俑,大部分都在各侧室的砖台上下和侧室门洞内外发现,小部分是从各主室四个墙角的淤土堆中清理出来的。只后室有一个例外,就是所附东侧室的偏南一间内只出玉哀册,不出陶俑。因此,我们认为各侧室内的砖台和各主室的四个墙角就是男女陶俑原来放置的地点。至于各侧室的砖台下和门洞内外所发现的陶俑,则是被盗掘者从砖台上翻下来的。此外,在后室的四壁,共有12个狭长形的小龛,在室西壁北角和北壁东侧的两个小龛内还各残留着男俑的底部(插图18、20;图版12:1),说明这些小龛原来也是放置陶俑用的。

就出土男女陶俑的姿态看,它们可以区分为三大类:就是拱立俑、持物俑和舞蹈俑(包括伶人俑)。从数量来说,持物俑最多,拱立俑次之,舞蹈俑最少。从出土的室别来说,后室所出的类别较多,中室出土的女俑多于男俑,前室出土的男俑多于女俑。

为了便于说明问题,我们作了如下的统计:

表二　李昪陵出土男女陶俑统计表

数量类别 室别	男俑				女俑				共计
	拱立俑	持物俑	舞蹈俑	小计	拱立俑	持物俑	舞蹈俑	小计	
墓门前	—	—	—	—	1	5	—	6	6
前室	—	10	6	16	4	7	2	13	29
中室	—	1	3	4	10	32	2	44	48
后室	10	22	1	33	17	3		20	53
合计	10	33	10	53	32	47	4	83	136
说明	表内各室数字包括所附侧室的数字在内								

〔二〕李璟陵

李璟陵共出土男女陶俑54件,还不到李昪陵出土总数的一半。其中前室出土28件,中室出土18件,后室出土8件,残缺的情形比李昪陵所出的还要严重些。

表三 李璟陵出土男女陶俑统计表

数量 类别 室别	持物男俑	拱立女俑	持物女俑	共计
前室	27	1	—	28
中室	—	5	13	18
后室	5	—	3	8
合计	32	6	16	54
说明	表内各室数字包括所附侧室数字			

　　各室出土男女陶俑的位置,也同李昪陵一样,都是在各侧室的砖台上下、侧室的门洞内外以及各主室的四个墙角。在后室的四壁下部有 7 个狭长形的小龛(插图 55—58),从李昪陵的例证来推论,这些小龛也应该是放置陶俑的(图版 14:4),不过陶俑早已被盗掘者取下来了。

　　就出土男女陶俑的姿态看,只有拱立俑和持物俑两大类,而没有舞蹈俑。但在各室男女俑的安排上,要比李昪陵有规律。如前室出土的 28 件中,只有 1 件女俑,而中室出土的 18 件却都是女俑,后室则男女俑兼出。从前室陶俑出土

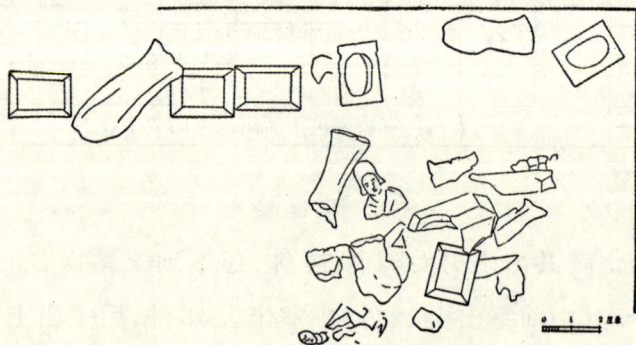

插图 73 李璟陵前室东南角淤土中出土的陶俑、陶动物俑和陶座

时的凌乱情况看(插图 73;图版 111:2),那件女俑很可能是被盗掘者从中室或后室带出来的;而原来的放法应该是前室只放男俑,中室只放女俑,后室则兼放男女俑。我们认为这个规律也可用来帮助我们探讨李昇陵所出男女陶俑的原来安排情况。

二 质料和制法

二陵出土的男女陶俑都是用含有砂质的黏土做成,土中并羼有细草。李昇陵出土的泥质较细,表皮作灰色;李璟陵出土的泥质较粗,表皮作黄色。

俑体内除下部多有圆形(或长圆形)的空洞及头部、颈部亦偶而有以外,其余部分都是实心的,所以很厚重(图版96、97)。就高度看,大型俑一般都高达 60 厘米,中型俑高 50 厘米左右,小型俑高 40 厘米左右。李昇陵出土的俑大部分是中型俑,小部分是大型俑;李璟陵出土的俑大部分是小型俑,也有一小部分是大型俑和中型俑。俑头部和身部高度的比例一般是 1 : 3,但李昇陵所出土的中型高髻女俑常大至 1 : 2,李璟陵所出男女俑常小至 1 : 4。

俑都是模制而成的,表现在同类俑的大小和形状都是一致上。根据李昇陵出土俑的现存情况,我们可以揣测当时的制作程序如下。

先用模子制成俑的头部和身部,并趁湿压合在一起。有时插入一根直立的小泥条,使连接得牢固一些(图版96:2)。

其次,用锋利的刀子在泥坯上刻划出各种衣纹,背部则用刀削平,不加刻划。

再次,就送入窑中烘烧。在烘烧时,俑都是直立的,所以大部分俑的底部都有圆形的空洞,可能是插入圆杆使之固定用的(图版96、97)。俑体近表面的陶质都很坚硬,而体内陶质则较松软,说明体内所受火候没有表面所受的那样高。

俑出窑以后,大多数经过涂粉加饰的过程。男俑一般都在面部涂上白粉,男舞俑和女俑的面部则在白粉的底子上再涂红粉,少数女俑的唇上还有涂朱的痕迹。女俑的身部一般都涂红粉,少数女俑的身上还可以看出画在红粉底子上的白色花朵的痕迹(图版97:5)。在个别女俑高髻上的小圆孔内,还发现有锈蚀了的金属物。

此外,有些俑的底部在制作完毕时还被刻上文字记号,我们发现有"左三"和"笔"两种字样。"左三"大概是代表这件俑的放置地点(图版97:3、4)。

李璟陵出土男女俑的制作程序大致和李昪陵的相同,但制作得比较粗糙。俑的形象一般和李昪陵所出的相同,但衣纹比较简略,涂粉加饰的痕迹亦不显著。这一事实,具体地说明了南唐在建造这两座陵墓时经济力量的悬殊。

三 李昪陵出土男女陶俑的服饰

〔一〕男俑的服饰

李昪陵出土男俑的服饰比较繁复,大致有六种不同的帽子,四种不同的衣服和鞋子。现在先作一概略的叙述。

1. 帽子

帽子可以分成六种。

(1)道冠状帽:指一种斜顶的椭圆形高帽,四围有直条纹,很像近代道士所戴的道冠。这类帽子,除拱立俑所戴的外,其余的左右两侧均有小孔,应是插帽簪一类的东西用的(插图74)。

(2)莲瓣状帽:指一种四围用莲瓣作装饰的圆形帽,帽前后有插簪的小孔。这种帽子的体形不大,只能罩住头上的发髻(插图75)。

(3)方形小帽:指一种略呈方形的罩在发髻上的小帽,帽左右有插簪的小孔,两侧有缨带,可系在颔下,它的纹饰和道冠状帽基本上是一致的(插图76)。

(4)幞头状帽:指一种前层低、后层高的圆形帽,帽的前后层之间有帽结,帽后两侧有小孔,应是插展脚用的。这种帽很像文献中所纪载的幞头,也和现代京戏里文官戴的纱帽很相近(插图77)。

(5)风帽:指一种带有披的帽子,帽上缘罩额,下缘披到两肩和背上,很像现代人在冬天所戴的风帽(插图78)。

(6)胄形帽:指一种带有护耳的半椭圆形的盔状帽子,帽顶正中还有小圆孔,可能是插饰物用的(插图79)。

2. 衣服

一般都有内外两层。内衣都是不显露的,只能从外衣的衣领内或是外衣开衩的地方看到一部分,不能知其全形。

外衣分四种:一种是方领的长袍,向右开裾,胸前有一条下垂的长带,衣袖一般都很宽大,广袖内露出窄袖(插图80—82);一种是圆领的长袍,也向右开裾,腰间有束带,腰下则左右开衩,露出内衣的衣角和靴子的侧面(插图83—

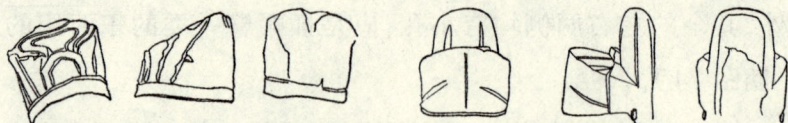

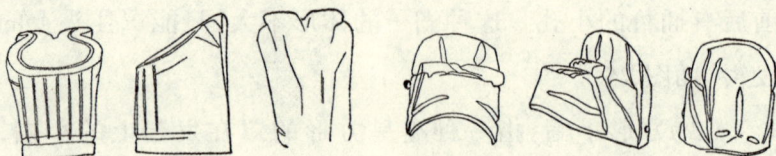

74　道冠状帽

75　莲瓣状帽

76　方形小帽

77　幞头状帽

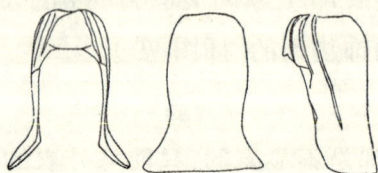

插图78　风帽

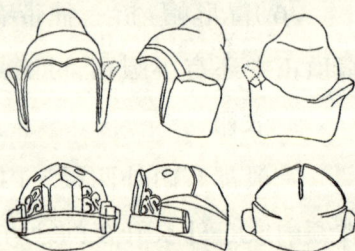

79　胄形帽

插图74—79　李昇陵出土男俑所戴的帽子

85）；一种是战袍，全身都披甲，膝下有下垂的流苏，遮住脚部（插图86）；还有一种是舞衣，又分袒胸露腹的翻领舞衣和圆领的舞衣两者，长都不过膝，衣袖特别长，不露出双手，腰间都有束带（插图87、88）。

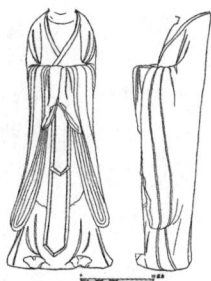

插图80　李昇陵出土男俑所穿的衣服——方领长袍

插图81　李昇陵出土男俑所穿的衣服——方领长袍

插图82　李昇陵出土的穿方领长袍的男俑

插图83　李昇陵出土的穿圆领长袍的男俑

插图84　李昇陵出土的穿圆领长袍的男俑

插图85　李昇陵出土的穿圆领长袍的男俑

插图 86 李昪陵出土的穿战袍的男俑

插图 87 李昪陵出土的穿舞衣的男俑

插图 88 李昪陵出土的穿舞衣的男俑

3. 鞋子

由于大部分男俑都穿着垂地的长袍,所以一般只能看出鞋头的形状。从鞋头或鞋侧面的形状来区分,大致可分成圆头的、元宝头的、草鞋状的和靴子状的四种。其中元宝头的很像唐代陵墓前文臣雕像所穿的"如意履",草鞋状的很像现代劳动人民所穿的草鞋(插图 89)。

插图 89 李昪陵出土男俑所穿的各种鞋子

下面分别叙述各类男俑的服饰。

1. 拱立男俑

戴道冠状帽,面部涂着很厚的白粉。身穿方领的广袖长袍,双手笼在与广袖相连的窄袖里,拱于胸前。 胸下有垂地的长带,脚穿元宝头的鞋子(图版 52,53:1、2)。这类俑共出土 10 件(连同残缺的),其中两件手中捧兽(图版 52:4),和唐代流行的十二生肖俑的形状很相像。其余 8 件虽未捧兽,但手拱的地方作平台状,可能原来有兽,今已缺失。

这类俑都在后室出土,而且他们的底部衣纹和后室西壁北角小龛内残俑的衣纹完全一样,因此,我们认为这 10 件男俑原来也是放置在小龛内的,经过盗掘后才被翻倒在后室地面上。至于 12 个小龛为什么只出 10 件男俑,这就只能解释成被盗掘者带走或打毁了。

2. 持物男俑

这类俑又可分成以下各小类来叙述。

（1）抱卷男俑。戴幞头状帽,上半身全涂白粉。身穿圆领的广袖外衣,双手从窄袖里露出,左手抱着画轴一类的东西,右手已经残缺。腰以下也残缺。这类俑只在后室出土 1 件(图版 53:4、5)。

（2）持剑男俑。共出土 2 件。1 件戴方形的罩在发髻上的小帽,帽两侧有缨带,系在额下。身穿方领的外衣,手从袖内露出,左手握着剑柄,右手按在剑首上,自膝以下即残缺(图版 53:3)。另 1 件只存身部中段和一足,可以看出也是披甲持剑的武士俑(图版 53:6)。他的形象和中室北壁浮雕的武士像很相近。这两件俑都在后室出土。

（3）持盾男俑。戴着有护耳的胄,穿窄袖对衿的战袍,战袍外披着战甲,上有护颈和护臂,中有护胸,下有护膝。脚部被战袍下垂的流苏所遮掩,不显露在外。这类俑在后室出土 2 件,都是左手持盾,盾有圭形的和圆形虎头纹的两种,右手当持有兵器,但已缺失(图版 54、55)。

(4)双手叠置胸前作持物状男俑。这类俑有五种不同的服饰。

第一种戴幞头状帽,穿圆领的长袍,双手从袖内露出,叠置胸前作持物状。腰间有系带,脚穿圆头的鞋子。这种俑在前室出土 6 件(图版 58:1、2、3,59:3)。

第二种戴道冠状帽,穿方领的外衣,双手置胸前上下作持物状。腰间有系带,外衣只长到膝部,膝下露出垂地的内衣和圆头的鞋子。这种俑在后室发现 2 件(图版 58:4、5、6,59:4)。

和这种相似的有 1 件歪头的俑,所戴道冠状帽子的正面刻有"王"字,所穿方领外衣直垂至地,双手从广袖内露出,叠置胸前,作持物状。腰下有垂带,脚穿圆头的鞋子。这俑发现于后室(图版 60:1、2、3)。

第三种戴莲瓣状小帽,穿方领外衣,双手露出袖外,叠置胸前作持物状。这种俑只在后室发现 1 件,腰部以下残缺(图版 60:4、5、6)。

第四种戴风帽,脸上有皱纹,颔下有长须。穿圆领长袍,腰带系成蝴蝶结下垂,双手露出袖外,叠置胸前,似持一带有圆柄的东西。脚穿圆头的鞋子。这种俑只在后室发现 1 件(图版 61:1、2、3)。

第五种戴着像武士所戴的胄一样的帽子,帽上有云钩纹和兽目纹作装饰。穿方领的长袍,腰部有下垂的长带。双手包在窄袖内叠置胸前,似持一笏板状的东西。脚穿方头的鞋子。这种俑只在前室发现 1 件(图版 61:4、5、6)。

（5）双手分置胸前左右作持物状男俑。共出土 7 件,服饰都是一样的。他们都戴幞头状的帽子,穿圆领的长袍,双手露出袖外,分置胸前左右,作持物状。腰间都束带,长袍自腰下左右开衩,露出内衣的衣角和短靴的侧面。这类俑前室出土 4 件,后室出土 3 件(图版 56、57)。

此外,还有 9 件残缺的持物俑,他们或缺头部,或缺身部的一段,大部分都在后室出土。

3. 舞蹈男俑(包括伶人俑)

这类俑又可分成两类来叙述。

一类是伶人俑。他们戴幞头状帽,幞头的后层倒向前层。脸上都涂着很厚的白粉,白粉上还有红粉的痕迹。颔下都有长须,有的从左耳下到右耳下成一半圆圈状,有的垂在胸前作三角形。腰间都有束带,衣从腰下左右开衩,露出内衣的衣角和靴子的侧面。双手都露出袖外,作各种姿势。脚部都穿靴。这类俑共出土 6 件,前室和中室都有发现(图版 62、63)。

一类是舞俑。他们头部的装饰和脸上涂粉的情形都和伶人俑相同,颔下也有长须。衣服分两种:一种是翻领舞衣,穿这种舞衣的胸腹都袒露出来,作扬袖起舞的姿态;一种是圆领舞衣,穿这种舞衣的都作顿足起舞的姿态。腰间都有束带,舞衣从腰下左右开衩,露出内衣的衣角。脚部都穿短靴。这类俑共出土 4 件,其中 2 件是残缺的。就其姿态看,恰成两对:一对是扬袖而舞的,一对是顿足而舞的。但出土地点却不一致,是分别在前、中、后三个室内发现的,这大概是由于盗掘者扰乱的关系（图版 64、65 ）。

〔二〕女俑的服饰

李昪陵出土女俑的服饰较男俑为单纯。绝大部分女俑都梳着高髻，只有个别的梳着单鬟髻或双髻（插图 90、91 ）。

高髻都是前面高耸，后面结成长圆形拖于头后，两侧薄贴鬓发，下垂过耳。髻上和髻两侧都有数目不等的小孔，大概是插珠翠花钿之类的饰物用的。这些大概就是《南唐书》和南唐二主词中所说的"高髻"、"蝉鬓"、"首翘"和"鬓朵"之类的装饰①（插图 92—101 ）。

面部都涂着很厚的白粉，白粉的上面再施红粉，唇上还有涂朱的痕迹。由于淤土的侵蚀，看不出其余的面部妆饰，如所谓"北苑妆"之类②。

身上都穿广袖直衿的外衣，胸前露出"抹胸"③，袒露着颈下和前胸的一部分，下着曳地的长裙（插图 92—96 ）。只有个别的女俑穿着方领的广袖外衣（插图 91 ）。少数女俑的外衣袖上还加"华袂"，两肩披着"云肩"（插图 97—99 ）。此外还有一种长袖的舞衣（插图 100、101 ）。

脚部一般都被长裙所遮掩，看不出鞋子的全形，只露出尖而上翘的鞋头（插图 94 ）。

---

① 陆游《南唐书》卷十六《后妃传》："后主昭惠国后周氏……创为高髻、纤裳及首翘、鬓朵之妆，人皆效之。"李昪陵中俑制造于昭惠后以前，因此知高髻、首翘、鬓朵之妆，不创始于昭惠后，可能昭惠后只将旧日妆饰，加以改进，增其纤丽而已。

南唐中主李璟词："一钩新月临妆镜，蝉鬓凤钗慵不整。"

② 毛先舒《南唐拾遗记》："江南晚祀，建阳进茶油花子，大小形制各别。宫嫔镂金于面，皆淡妆，以此花饼施额上，时号'北苑妆'。"

③ 南唐后主李煜词："双鬟不整云憔悴，泪沾红抹胸。"

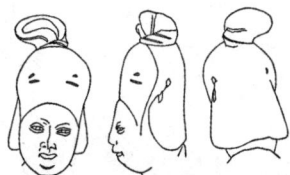

插图 90　李昪陵出土女俑
所梳的发髻——单鬟髻

插图 91　李昪陵出
土的梳双髻的女俑

插图 92　李昪陵出土
的梳高髻穿广袖直袊
外衣的女俑

93

94

95

插图 93—96　李昪陵出土的梳高髻穿广袖直袊外衣的女俑

96

97

98

插图 97、98　李昪陵出土的梳高髻穿带有披肩和华袂的外衣的女俑

插图 99　李昪陵出土
的梳高髻穿带有披肩
和华袂的外衣的女俑

插图 100、101　李昪陵出土的梳高髻穿舞
衣的女俑

下面分别叙述各类女俑的服饰。

1. 拱立女俑

这类俑又可分成三个小类来叙述。

第一种体形较大，身高达 60 厘米。头上梳着高髻，两侧薄贴鬓发，髻前面有 4—6 个小孔，两鬓也各有 3—6 个小孔，大致都是插饰物用的。胸前都有抹胸，袒露着颈下和前胸的一部分。身穿广袖直衿的外衣，双手笼于袖内，拱于胸前。少数俑的外衣上还带有披巾，从身后绕到胸前，一端为广袖所掩，另一端下垂。外衣的长度只到膝部，膝上露出曳地的长裙和尖而上翘的鞋头（图版 66—69）。

第二种体形较小，身高 50 厘米左右。头上亦梳着高髻，髻前面有 2—5 个小孔，两鬓也各有 3—6 个小孔。所穿服装基本上和上述俑相同，只是双手笼于窄袖内，拱于胸前，作捧物的形状（图版 70，71，72：1、2、3）。

第三种体形和第二种相似。头上梳着双髻,像飞鸟的形状。身穿方领的广袖外衣,胸前也有抹胸,双手笼在袖内,拱于胸前(图版 72:4、5、6)。

以上三种拱立女俑,有的手拱的地方作平台状,可能原有香炉、宝玩一类的东西。三种俑共出土 32 件,墓门前和前、中、后三室都有。大致后室出土的多为第一种大型的女俑,墓门前和前、中两室出土的多为第二种中型的女俑,至于第三种双髻女俑,只在后室发现 1 件。

2. 持物女俑

这类俑又可分成两小类来叙述。

第一种服饰较简单。头上梳着高髻,髻前面有 3—5 个小孔,两鬓也各有 3—5 个小孔。胸前都有抹胸,下系长裙。身穿广袖直衿的外衣,向左右敞开,像现代妇女穿的长外套一般。双手都露出袖外,叠置或分置胸前,作持物状。鞋子都被长裙所遮掩,只露出尖而上翘的鞋头(图版 73—77)。

这种俑共出土 44 件,半数以上出在中室,其余分别出在墓门前和前后两室(参看表二)。

第二种服饰比较繁复。头饰基本上和第一种俑相同,只髻顶上加有云钩形的饰物。胸前有抹胸。身上穿的衣,内有窄袖,外有广袖,当腕处并加有荷叶边状的华袂。着曳地的长裙,裙外有宽而附着边饰的长带下垂至地。衣外加云肩,其披在肩上部分作镂空的云钩纹,其领缘作成锯齿状。云肩之下,更系一围腰,其下襟作圆形或略带圆角,双带飘垂其上。脚部只露出尖而上翘的鞋头(图版 78—80)。

这种俑共出土 3 件，都发现于中室。

3. 舞蹈女俑

可以分成两组来叙述。

第一组的两件女舞俑都作顿足起舞的姿态，服饰和上述第二种俑基本上相同，只是衣袖既窄又长，便于起舞（图版 81 ）。

第二组的两件女舞俑都作扬手而舞的姿态，一个梳着单鬟髻，一个梳着高髻。梳着高髻的俑，髻上有云钩形饰物，髻后有三条下垂的东西，这三条东西可能是束成的发辫或缯帛之类所制成的饰物。这两件俑的长裙系在长袖舞衣的外面，舞衣上斜披着长带（披巾），带的两端系在右腰下。脚部都被长裙所遮掩（图版 82、83 ）。

这 4 件女舞俑分别出在两处，第一组的两件出在前室，第二组的两件出在中室。

四 李璟陵出土男女陶俑的服饰

李璟陵所出男女俑的服饰，基本上和李昇陵所出的同类俑相同，在制度上似乎是在尽量模仿李昇陵，但又仿得不好。整个说来，有后退和简单化的趋势。

下面分别叙述各类男女俑的服饰。

〔一〕男俑

李璟陵只出土了一类持物的男俑，没有拱立和舞蹈男俑。这类持物男俑也有不同式样的帽子、衣服和鞋子（插图 102—105 ）。现在分成下面六小类来说明他们的服饰。

1. 捧笏男俑

这类俑有两种不同的服饰。

一种戴道冠状帽,帽的高度低于李昪陵所出的同类俑的帽子,帽的左右两侧还有小圆孔,可能是插帽簪一类的东西用的。身穿方领广袖的外衣,腰系长带,下垂及地。外衣的长度只过膝,其下露出曳地的内衣和元宝头的鞋子(图版84,85:2、3)。所捧笏板有两种:一种上端作半圆形,用笼在袖内的双手捧持着,贴在胸前,下半为袖所遮掩(图版84:1、4);①一种上端已缺失,下端作长方形,用露出袖外的双手捧持在胸前(图版84:5、6,85:2、3)。②这种俑共出土8件,都在前室发现。

一种戴着像武士的胄一样的帽子,形状和李昪陵所出的持物俑相同(图版85:1,参看图版61:4)。身部装束和上述俑完全相同。这类俑只出土2件,也在前室发现。

还有8件残缺头部的捧笏俑,其中4件捧圆形笏,4件捧长方形笏,身部装束都和上述两种俑相同。也是在前室发现的。

2. 抱卷男俑

戴幞头状帽,穿圆领外衣,左手抱卷,右手残缺,腰间有束带,腰以下也残缺(图版86)。这类俑的装束和李昪陵后室出上的同类俑完全相同,也只在后室发现1件。

---

① 王子先《笏赋》(见《全唐文》卷九百五十二):"取其前让后敬,则上圆而下方。"以是知圆头者为笏。

② 这种笏和汉画像石上人所持的笏形状最相似,与圆头笏形状不同,大致是持的人官阶不同的原故。

3. 持棒男俑

戴莲瓣状小帽,穿圆领窄袖的短外衣,腰间束带,腰下左右各披一片,似为身甲的下部。双手露出袖外,持一上细下粗的圆棒。俑的下部穿裤,脚部已残,看不出鞋子的形状(图版 87)。这种俑只在前室发现 1 件,李昇陵没有发现过同样的俑。

4. 持剑男俑

戴方形的小帽,帽两侧有缨带,系在颔下。身穿方领外衣,双手从广袖内露出,左手持剑柄,右手按在剑首上。广袖的下缘束起来以便于行动。这种俑也只在前室发现 1 件,膝部以下残缺(图版 88)。他的服饰和姿态基本上和李昇陵所出的同类俑一样。

5. 持盾男俑

服饰和李昇陵出土的同类俑基本上一致,而且也是出土 1 件持圭形盾的, 1 件持圆形虎头纹盾的(图版 89、90,参看图版 54、55),但衣纹较李昇陵所出的简单。其中持圆形盾的 1 件右手未残缺,似作握刀剑一类的武器状。俑出土的地点也都在后室。

6. 双手叠置或分置胸前或笼在袖内作持物状俑

这类俑有两种不同的服饰。

一种戴幞头状帽,穿方领窄袖外衣,双手露于袖外,叠置或分置胸前作持物状。外衣从腰下左右开衩,其长度只到膝下,以下露出内衣和圆头的鞋子(图版 91)。这种俑共出土 7 件,其中 4 件是残缺头部的,出土地点都在前室。

一种垂长须,戴风帽,穿圆领外衣,装束和李昪陵所发现的同类俑完全一样,只双手笼在袖内(图版92,参看图版61:1)。这种俑只在后室发现2件,下半身均残缺,其中1件头部也有缺损。

〔二〕女俑

李璟陵出土的女俑只有拱立状和持物状两类,她们的服饰要比李昪陵的女俑简单得多(插图106—108),现在分类说明于下。

1. 拱立女俑

有三种略为不同的服饰。

第一种是梳着高髻,髻前面有2个狭长形的小孔,两鬓的后面也各有3—4个同样的小孔,这些小孔大致都是插饰物用的。身穿广袖对衿的外衣,胸前有抹胸,颈下和胸的一部分袒露着。双手包在袖内,拱于胸前,手拱的地方作平台状,可能原置有器物。这种俑在中室发现2件,都是残缺下半身的(图版93:1、2、3)。

第二种也梳着高髻,但髻前和鬓后没有插饰物用的小孔。穿方领外衣,胸前没有抹胸。这种俑只在前室发现1件,胸部以下残缺(图版94:1、2、3)。

第三种梳着双髻,和李昪陵后室出土的同类俑的头饰是一样的(参看图版72:4),只是这俑有一髻缺。身部装束和上述第一种俑相同,只是手拱处不作平台状。这种俑只在中室发现1件,膝部以下残缺(图版93:4、5、6)。

还有2件拱立女俑的上半身,都缺头部,也在中室发现。

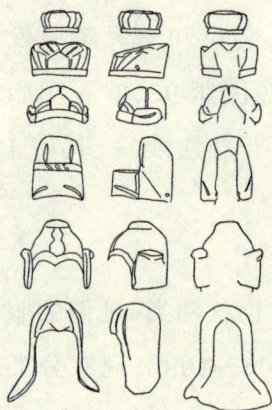

插图 102 李璟陵出土
男俑所戴的各种帽子

插图 103 李璟陵出土
男俑所穿的方领外衣

插图 104 李璟陵出土
男俑所穿的方领外衣

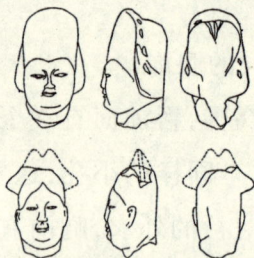

插图 106 李璟陵出土
女俑所梳的两种发髻

插图 105 李璟陵出
土的穿战袍的男俑

插图 107 李璟陵出
土女俑所穿的外衣

插图 108 李璟陵
出土的穿广袖直
衿外衣的女俑

2. 持物女俑

共出土 16 件,但只有 3 件是完整的。其服饰基本上相同。头上都梳着高髻,和上述拱立女俑中的第一种的高髻相同。身部都穿广袖对衿的外衣,胸前有抹胸,下系曳地的长裙。双手露出袖外,分置胸前上下作持物状。脚穿尖而上翘的鞋子(图版 94:4、5、6, 95)。这种俑的体形特别高大,高达 58 厘米左右,和李昇陵所出大型拱立女俑相近。出土的地点主要是在中室,后室只出了 3 件残缺的。

第二节　陶动物俑和人首动物身俑

南唐二陵除出了数量较多的男女陶俑外,还出了一部分陶动物俑和人首动物身俑。现在先列表说明后二者的出土地点、类别和数量。

表四　南唐二陵出土陶动物俑和人首动物身俑统计表

墓别	室别	动物俑							人首动物身俑			共计
		马	骆驼	狮	狮类兽	狗	鹅	蛙	人首蛇身俑	人首鱼身俑	人首龙身俑	
李昇陵	前室	5	8									13
	中室											
	后室						1	1	2	3	1	8
李璟陵	前室			2	1	1	1	1	2	10	2	20
	中室											
	后室											
合计		5	8	2	1	1	2	2	4	13	3	41
说明		表内数字包括残缺一部分的俑,碎块不在内。										

从统计表中我们可以看出:李昇陵陶动物俑等的出土地点,主要在前室和后室,李璟陵全部在前室出土。它们都是

和男女陶俑及陶座同时出土的,位置也都在侧室砖台下、门洞下、以及主室四角的淤土中。因此,它们原来放置的地点也应在侧室的砖台上和主室的四角。

它们的质料和男女陶俑相同,李昪陵所出的表皮作灰色,李璟陵所出的表皮作黄色。它们似乎是用手制的而不是模制的,制作过程较男女俑为简单,体内一般都是实心的,也显得很厚重。它们的首尾长度平均约 20—30 厘米,高度平均约 15—20 厘米。

从它们出土的类别看,马、狗、鸡、蛙等都是江南常见的动物,骆驼是北方的产物,狮子则是外来的东西。至于人首蛇身、人首鱼身和人首龙身三种俑,都是源出于我国古代的神话故事,这里把它们形象化了。

下面把二陵出土的陶动物俑和人首动物身俑作分类的叙述。

〔一〕马

我们发现的 5 件陶马都在李昪陵前室出土。因此,可以认为前室就是陶马的原来放置场所。这 5 件中,有 1 件是残缺头部的, 1 件是残缺身部的,只有 3 件是完整的(图版 99：5、100)。在 3 件完整的陶马中,只有 1 件陶马的颈上有鬃毛,似乎是成年的马,体形也较大(图版 99：5)；另两件没有鬃毛,体形较小,似乎是没有成年的小马。这 3 件陶马都作蜷腿伏地的姿态。

〔二〕骆驼

共发现 8 件,也都在李昪陵前室出土。这 8 件中,有 5

件是完整的,另 3 件或缺头部,或缺身部。在 5 件完整的陶骆驼中,有 2 件是有驼峰的,似乎是成年的骆驼(图版 98);另 3 件只有稍微突出的驼峰底子,似乎还是未成年的小骆驼(图版 99:1—4)。它们的鼻孔都很显著,大概是作穿绳之用的。它们也都作曲腿伏地的姿态。江南没有骆驼,但在《南唐书》中有北宋赐予"橐驼"的记载,在此以前,契丹也送过南唐骆驼,[①]因此,这些陶骆驼大致是根据北方来的实物而制成的。

〔三〕狮及狮类兽

共发现 3 件,都在李璟陵前室出土。这 3 件中,有 2 件可以肯定是狮子,有着圆而突出的眼,三角形的鼻子和扁平状的嘴,颈上还披着密密的长毛。这两件都作蹲立的姿态,像雕刻中的石狮子一般(图版 103、104)。另 1 件体形大致相同,但嘴是尖的,前腿没有上述的 2 件长,也作蹲立的姿态;我们暂时只能叫它作狮类兽(图版 105)。

狮子不是中国疆域内的产物。从这些陶狮的形象看,它们可能不是模仿实物,而是模仿西安唐代陵墓前的石狮子制作的。

〔四〕狗

只在李璟陵前室发现 1 件,形状很像现代的猎犬,蹲地作听候使唤的样子(图版 102:2)。

---

① 陆游《南唐书》卷二:"乾德元年春正月,太祖遣使来赐羊、马、橐驼。"契丹赠骆驼事,见陆书赵世延序。

〔五〕鸡和蛙

共出土 4 件,李昪陵后室和李璟陵前室都各出 1 件陶蛙和 1 件陶鸡。李昪陵所出的体形较大(图版 101),李璟陵所出的体形较小(图版 102:1、3、4)。李昪陵所出的陶鸡是公鸡,昂首作啼叫状;李璟陵出的是母鸡,作孵卵的形状。

〔六〕人首蛇身俑

共出土 4 件,其中李昪陵后室出 2 件,李璟陵前室出 2 件,但完整的只有李昪陵出土的 1 件(图版 106:2、3)。这件人首蛇身俑作两条人首蛇互相缠绕的姿态,两人首的方向恰恰相反。另 1 件只有一个人首和蛇身,残缺另一端,从它的形象看来,残缺的可能是尾端,而不是还有一个人首(图版 106:1)。至于李璟陵出土的 2 件,都是只有一个人首和短截的蛇身,其余部分都是残缺的,看不出全形。

按人首蛇身之神常见于古代记载中。如《山海经·北山经》载:"自单狐之山至于堤山,……其神皆人面蛇身。"又《海外西经》:"轩辕之国,在此穷山之际,其不寿者八百岁,在女子国北,人首蛇身,尾交首上。"这种神像也常见于汉画像石上,其双人首而蛇身相交绕的,皆为伏羲、女娲像。不过伏羲头上都戴冠帻,女娲头上多梳髻鬟,以别男女,不像这里只是两个光头。二陵所出双人首蛇身像,可能仍是代表伏羲、女娲;单人首蛇身像则大致是《山海经》中的山神。

〔七〕人首鱼身俑

共出土 13 件,其中李昪陵后室出 3 件,李璟陵前室出 10 件。李昪陵出土的 3 件中,只有 1 件是完整的(图版 107:1、

2）。这件俑的头部戴道冠状帽，自颈下起即有鱼鳞纹，鱼身的脊骨突出，两边各有两个鱼鳍，但鱼翅不甚显著。李璟陵出土的10件中，有3件是完整的，人首都是光头不戴帽，除鱼翅特别显著外，其余部分和李昪陵所出的相同（图版108）。

按人首鱼的形象，《山海经》在许多地方记载着。如《西山经》："竹水，……其中多水玉，多人鱼。"又《北山经》："龙侯之山，无草木，多金玉。决决之水出焉，而东流注于河，其中多人鱼，其状如䱡鱼，四足。"又《海内北经》："陵鱼，人面手足，鱼身，在海中。"又《海内南经》："氐人国，在建木西，其为人，人面而鱼身，无足。"

〔八〕人首龙身俑

共出土3件，其中李昪陵后室出1件，李璟陵前室出2件。李昪陵出土的1件作两人首共一龙身的形状，其下似有四足，两端的人首都是光头，不戴帽（图版107：4、5）。李璟陵出土的2件中，1件的形状和李昪陵所出的相似，但缺一人首，四足的形状比较显著，龙身较短（图版109：3、4）。另1件作两人首共一龙身绕成"8"字状，两人首都是光头的，面向恰恰相背（图版109：1、2）。

按《山海经》中也有关于人首龙身像的记载，如《南山经》："自天虞之山以至南禺之山，……其神皆龙身而人面。"又《中山经》："自首山至于丙山……其神皆龙身而人面。"又《海内东经》："雷泽中有雷神，龙身而人头。"

第三节 陶座

二陵共出土各种类型的陶座 129 个,陶座残件 137 块,两者合计约有陶座 200 个左右,略少于男女陶俑和陶动物俑的出土总数。

陶座都是和男女陶俑及陶动物俑同时出土的,出土的地点也在各侧室的砖台上下和主室的四角。它们的残破情况也不减于陶俑。

陶座可以分成四种,即窄面陶座、宽面陶座、阶状陶座和陶动物座。窄面陶座的座面长 16 厘米左右,宽 10 厘米左右,高 9 厘米左右;宽面陶座的座面长 20 厘米左右,宽 15 厘米左右,高 6 厘米左右;阶状陶座的座面长 28 厘米左右,宽 14 厘米左右,高 10 厘米左右(插图 109;图版 110:1、2、3)。

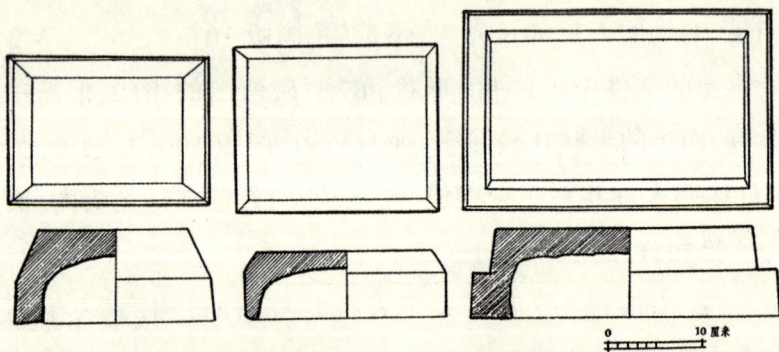

插图 109　李昪陵出土的三种陶座

这三种陶座的底部都较座面稍大,座内是空的,内壁没有座面和四方那样平整。至于陶动物座,一般都是平板状的,上面还有动物脚爪的残余。我们发现的只有3件:1件是陶鸡的座子,上面有残留的鸡爪,两鸡爪并各有一小圆孔,可以插入小杆使陶鸡固定在座子上(图版110:4);2件是陶四足兽的座子,座面上还遗留有四个兽足的残迹(图版110:5)。此外,我们还发现有1件人首鱼身俑的底部粘有陶座(图版107:3)。

下面我们把二陵各室出土的陶座数字作成一个统计表:

表五　南唐二陵出土陶座统计表

墓别	室别 \ 数量类别	窄面陶座	宽面陶座	阶状陶座	陶动物座	共计
李昪陵	墓门前	5	1			6
	前室	15	2	8		25
	中室	36	4	2		42
	后室	3	30	4	3	40
	小计	59	37	14	3	113
李璟陵	前室	9				9
	中室	7				7
	后室					
	小计	16				16
合计		75	37	14	3	129
说明		表内数字是以129个比较完整的陶座来进行分类的,陶座残件137块未计算在内。				

如果我们把表五和表二及表三(李昪陵及李璟陵出土男女陶俑统计表)对照起来看的话,就可以进一步解决各类陶座的用途问题,也有助于解决男女陶俑原来的安放方法问题。下面分别将几点加以申述。

（一）从表五中我们可以看到，李昇陵墓门前共出土了 6 件陶座，其中 5 件是窄面的，1 件是宽面的。我们又从表二中得知李昇陵墓门前恰恰出土了 5 件持物女俑，1 件拱立女俑（参看图版 111:1）。而且根据出土记录，我们知道这 5 件持物女俑都是身高 47 厘米左右的中型俑，而另 1 件拱立女俑却是身高达 58 厘米的大型俑。因此，我们有理由肯定这种中型的持物女俑的座子就是窄面的陶座（图版 110:1），而大型的拱立女俑的座子就是宽面的陶座（图版 110:2）。

（二）根据出土记录，李昇陵的中室是淤土最多的一室，其中遗物保存情况较好。现在我们就以李昇陵中室为例来看陶座和男女俑的关系。

从表五我们得知李昇陵中室共出土比较完整的陶座 42 个，其中有 36 个是窄面的陶座，4 个是宽面的陶座，2 个是阶状的陶座。又从表二得知这室共出土男女陶俑 48 件，其中持物男俑 1 件，舞蹈男俑 3 件，拱立女俑 10 件，持物女俑 32 件，舞蹈女俑 2 件。再根据出土记录，得知其中只有 2 件拱立女俑是大型的俑，其余 46 件都是中型的俑。由此，我们再参照第一点的结论，就可以进一步肯定不仅持物女俑的陶座是窄面的，而且大部分中型俑的座子也是窄面的，而宽面陶座则是大型俑的座子。

（三）我们再从李昇陵前室和后室出土的陶座及男女俑的关系中来解决阶状陶座和宽面陶座的用途问题。

从表五得知前室共出土陶座 25 件，其中窄面的 15 件，宽面的 2 件，阶状的 8 件。又从表二得知前室共出土男女陶俑 29 件,其中持物男俑 10 件,舞蹈男俑(包括伶人俑)6 件,拱立女俑 4 件,持物女俑 7 件,舞蹈女俑 2 件。再根据出土记录,得知其中只有 3 件大型的拱立女俑,4 件大型的持物男俑。另外,我们又从表四得知前室还同时出土了 5 件陶马和 8 件陶骆驼。那 15 件窄面陶座的用途,根据第一、二两点的结论,已经可以肯定是中型男女俑的座,2 件宽面陶座也可以肯定是大型男女俑的座子。那么,阶状陶座究竟是什么东西的座子呢? 根据它们的大小比例看来,它们应是陶动物(陶马和陶骆驼)的座子。

我们再从后室的情况来看,从表五得知后室共出土陶座 40 个,其中窄面的 3 个,宽面的 30 个,阶状的 4 个,陶动物座 3 个。又从表二得知后室共出土男女陶俑 53 件,其中拱立男俑 10 件,持物男俑 22 件,舞蹈男俑 1 件,拱立女俑 17 件,持物女俑 3 件。又从表四得知后室还同时出土了 1 件陶鸡、1 件陶蛙和 6 件人首动物身俑。再根据出土记录,知道在男女陶俑中,有 23 件大型的俑,而中型的拱立男俑,我们已在叙述男女陶俑的出土情况时认为他们的原来位置是在后室四壁的小龛内。在这一室中,大型俑和宽面座在出土的俑和座中都占相当大的比例。由此,我们可以进一步肯定大型的男女俑的座子就是宽面陶座,而阶状的陶座则是陶动物的座子。

(四)总起来说,从李昇陵出土的陶俑和陶座的关系来看,我们得到了如下的结论:(1)窄面陶座主要分布在前室和中室,它们是中型男女陶俑的座子;(2)宽面陶座主要分

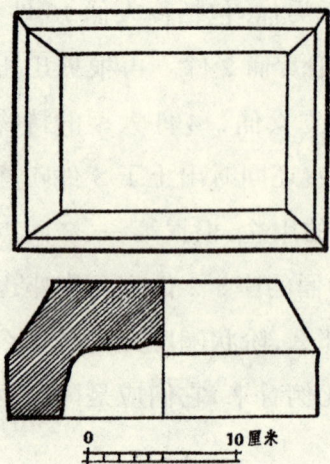

插图 110　李璟陵出土的陶座

布在后室,它们是大型男女陶俑的座子;(3)阶状陶座主要分布在前室和后室,它们是陶动物俑的座子;(4)还有一些陶动物俑和人首动物身俑具有专用的、平板状的底座,例如陶鸡和人首鱼身俑,分布地点主要是后室。

(五)李璟陵只出土了一种窄面陶座(插图110),计完整的 16 个,残件 53 块,都在前室和中室出土,而前室和中室共出土了 46 件男女陶俑。根据李昇陵的情况,这些陶座应该就是这些男女陶俑的座子。陶动物俑和人首动物身俑可能没有座子,直接放在侧室的砖台上。

第四节　论二陵出土男女陶俑所代表的身份

南唐二陵出土的 190 件男女陶俑,由于他们的数量多、类别广,因此能在一定程度上反映了当时的社会制度,特别是宫廷制度的一部分。所以我们现在来研讨他们所代表的身份,也是一件必要的工作。

南唐皇帝自称为唐室的后裔,在许多制度和设施上尽量模仿唐朝的做法,皇帝的山陵制度,当然也不会例外。这在宋代马令著的《南唐书》中有很明确的记载,如卷十三《儒者传》说:

烈祖山陵，元宗以熙载知礼，遂兼太常博士。时江文蔚判寺，所议虽同，而谥法庙号皆成于熙载之手。

时南唐礼仪草创，文蔚撰述朝觐、会同、祭祀、宴飨礼仪上之，遂正朝廷纪纲。烈祖殂，元宗以文蔚知礼，宜董治山陵事，除文蔚工部员外郎，判太常寺，以议葬礼。于是烈祖山陵制度，皆文蔚等裁定。

韩熙载、江文蔚两人都是熟悉唐代旧礼的人物，并且都是后唐的进士。让他们来董治山陵事，显然会承袭唐代的制度的。

另外，关于服饰制度，陆游所著的《南唐书》卷五中有如下的记载：

周宗……徙宣州节度使，入觐，赐宴，元宗亲为折幞头脚以表殊礼。

同书戚光《音释》云：

折幞头角，见李建勋等画影，皆软裹公服，一如盛唐也。

由此可见，我们必须以唐朝的制度作为根据，来讨论这些俑所代表的身份。

关于皇帝山陵内随葬明器的种类和数量，在新旧《唐书》中都没有明确的记载。《唐会要》卷三十八所载唐代葬礼，对"文武官"及"庶人"所用明器，有较详的规定，而无天子葬仪。因此，我们只能从唐代的宫廷制度上来找根据。

下面是从《大唐六典》卷十二引出来的唐代宫廷人员的一个名单。

内官：

惠妃一人，丽妃一人，华妃一人，淑仪一人，德仪一人，贤仪一人，顺仪一人，宛仪一人，芳仪一人，美人四人，才人七人。

宫官：

尚宫二人；司记二人，典记二人，掌记二人，女史六人；司言二人，典言二人，掌言二人，女史四人；司簿二人，典簿二人，掌簿二人，女史六人；司闱六人，典闱六人，掌闱六人，女史四人。

尚仪二人；司籍二人，典籍二人，掌籍二人，女史十人；司乐四人，典乐四人，掌乐四人，女史二人；司宾二人，典宾二人，掌宾二人，女史二人；司赞二人，典赞二人，掌赞二人，女史二人；彤史二人。

尚服二人；司宝二人，典宝二人，掌宝二人，女史四人；司衣二人，典衣二人，掌衣二人，女史四人；司饰二人，典饰二人，掌饰二人，女史二人；司仗二人，典仗二人，掌仗二人，女史二人。

尚食二人；司膳四人，典膳四人，掌膳四人，女史四人；司酝二人，典酝二人，掌酝二人，女史二人；司药二人，典药二人，掌药二人，女史四人；司饎二人，典饎二人，掌饎二人，女史四人。

尚寝二人；司设二人，典设二人，掌设二人，女史四人；司舆二人，典舆二人，掌舆二人，女史二人；司苑二人，典苑二人，掌苑二人，女史二人；司灯二人，典灯二人,掌灯二人,女史二人。

尚功二人;司制二人,典制二人,掌制二人,女史四人;司珍二人,典珍二人,掌珍二人,女史六人;司彩二人,典彩二人,掌彩二人,女史六人;司计二人,典计二人,掌计二人,女史四人。

宫正一人,司正二人,典正四人,女史二人。

内侍省:

内侍四人,内常侍六人,内给事八人,主事二人,令史八人,书令史十六人。

内谒者:监六人,内谒者十二人,内典引十八人,内寺伯二人,寺人六人,亭长六人,掌固八人。

掖庭局:令二人,丞三人,书令史四人,书吏八人,计史二人,宫教博士二人,监作四人,典事十人,掌固四人。

宫闱局:令二人,丞二人,书令史三人,书吏六人,内阍人二十人,内掌扇十六人,内给使无常员,掌固四人。

奚官局:令二人,丞二人,书令史三人,书吏六人,典事四人,掌固四人。

内仆局:令二人,丞二人,书令史二人,书吏四人,驾士一百四十人,典事八人,掌固八人。

内府局:令二人,丞二人,书令史二人,书吏四人,典事六人,掌固四人。

《大唐六典》中所载的官制,可以认为是反映了盛唐的情况。对于南唐这样一个小朝廷来说,未必都能做到。至于把这些人物的形象作成俑来随葬,则更有不少贬损的地方。

因此,这材料只是供给我们一个轮廓,便于我们来研讨二陵出土男女陶俑所代表的身份问题。

如果我们肯定了这个前提,我们就可以对李昪陵出土的男女陶俑来进行以下的分析。

1. 关于女俑的身份问题

根据出土女俑的服饰和姿态的特点,我们认为至少代表着四种不同身份的人物。

第一种,相当于《六典》所载的"内官"系统中的人员。她们的服饰比较华丽繁复,除一般的高髻、长裙、对衿外衣以外,髻顶还有附加的装饰物,外衣上还加有"云肩"和"华袂"。俑的制作亦比较精细。因此,我们认为其身份应该相当于妃嫔一类的人物。这类女俑只发现3件,在中室出土(图版78—80)

第二种,相当于《六典》所载的"宫官"系统中较高级的人员。她们和上述女俑的不同点在于体形比较高大,都作拱手而立的姿态,在服饰上没有髻顶的装饰以及云肩和华袂,而多了一条狭长的"披巾"。其服饰和南唐著名的人物画家周文矩所绘的《宫中图卷》中的贵妇人的服饰有相近之处。①这类女俑共发现19件,主要在后室出土(图版66—69)。

第三种,相当于《六典》所载的"宫官"系统中一般的人员。她们的服饰是一律梳着高髻,穿着长裙和对衿的外衣,双手叠置、分置或拱于胸前,作持捧物件的姿态。我们认为她们就是代表了直接为皇帝服役的许多青年女子的形象,是

---

① 《美术》杂志1954年4月号图版。

捧持着各式各样的日常用具以供使唤的。这类女俑的个别几件，外衣上有画花的痕迹，很像敦煌莫高窟第445窟的《剃度图》中侍女的服饰。①这类女俑共发现57件，主要在中室出土（图版70—77）。

第四种，相当于"内官"或"宫官"身份的舞姬。她们有两种服饰：其一种和第一种女俑的服饰相同，只是袖子变成长长的舞袖；另一种则穿舞衣，外披着"披巾"。她们的服饰都较传世的《韩熙载夜宴图》中的舞女为华丽，②应为宫中地位较高的舞姬，如毛先舒《南唐拾遗记》中所载的宫嫔窅娘一类的人物。③这类女俑共出土4件，主要在中室出土（图版81—83）。

2 关于男俑的身份问题

男俑至少代表着五种身份不同的人物。

第一种，相当于《六典》所载"内侍省"系统中较高级的人员。他们或戴幞头，或戴道冠状帽，或戴胄形帽，都穿着长袍，双手叠置胸前作持物状（按李璟陵所出同类的俑，所持的物当为长方形笏），或分置胸前，原亦持物。他们可能就是"内侍省"中的内侍、内常侍、内给事一流的人物，也就是《南唐书》所载的"中使"④一流的人物。他们都是皇帝的亲

① 　《美术》杂志1955年11月号图版。
② 　《人民画报》1954年3月号。
③ 　毛先舒《南唐拾遗记》："李后主宫嫔窅娘，纤丽善舞。后主作金莲，高六尺，饰以宝物，细带缨络，莲中作品色瑞莲。令窅娘以帛绕脚，令纤小屈上，作新月状，素袜舞莲花中，回旋有凌云之态。唐镐诗曰：'莲中花更好，云里月长新。'由是人皆效之，妇人足以纤弓为妙。以此知扎脚自五代以来方为之。"
④ 　陆游《南唐书》卷七《钟谟传》。

信人。这类俑共发现 12 件,都在后室出土(图版 58,59:2—4,60,61:4—6)。

第二种,相当于《六典》所载"内侍省"系统中的一般人员。他们都戴幞头,穿圆领长袍和靴子,双手作持物状,脸型都比较文弱清瘦。可能就是宫中一般身份的"太监"。这类俑发现 10 件左右,主要在前室出土(图版 56、57)。

第三种,长须俑,可能相当于《六典》所载"内侍省"系统中的掖庭令、丞及宫教博士一类人物。因按《六典》,魏晋置掖庭令,而非宦者,可能唐代仍因袭其制度;而"博士取八品以上散官有艺业者充",可知亦非宦者。这类俑共发现 2 件,在后室出土(图版 59:1,61:1)。

第四种,相当于宫中的宿卫人员。他们或披甲持盾,或束发按剑,作雄纠纠的样子。这类俑共发现 4 件,都在后室出土(图版 53:3,54,55)。

第五种,供奉内庭的伶人和舞人。他们都戴幞头,穿长袍和靴子,舞人所穿的衣并有长袖。他们脸上都涂白粉,上施红粉,和女俑一样。这类俑共发现 10 件,主要在前室出土(图版 62—65)。据《南唐书》记载,伶人在南唐宫廷中是相当有地位的。①这些俑也许就是和申渐高、李家明、王感化一类人物的身份相近吧!

此外,男俑中还有 10 件拱立状的,其中有两件是捧兽的,多在后室四壁的小龛附近发现,我们怀疑他们就是唐代

---

① 马令《南唐书》卷二十五《谈谐传》及陆游《南唐书》卷十七《杂艺方士节义列传》。

流行的十二生肖俑,并不是代表着现实的人物。

关于李璟陵出土的男女陶俑的身份,由于这陵的制度主要是模仿李昪陵的,随葬的俑只有减少,没有增多,在服饰和姿态上也基本上一样,所以他们所代表的身份也不会超出以上讨论的范围。

有一件事实应当引起我们注意的。二陵出土的持物俑大半双手残缺,有的一手缺,或手未缺而手中所持的物件失去;我们在淤土中也找到断下的手,但为数不过俑数的十分之一二,这明告诉我们有大部分的手已失去了。我们认为这些俑手中所持的物件以及部分拱立俑手中所捧的物件,可能是金、银、鎏金铜、玉、石等质料做成的,都被盗掘者拿走了。盗掘者为迅速攫取这些东西起见,把俑的手打下来,并把大部分带走了。假使这些东西都在的话,我们将能更明确各俑所代表的身份。不过无论如何,这批残留的俑,已为我们提供了一个十世纪时期封建宫廷的缩影,是有助于我们研究当时的社会制度的。我们看到这些在封建社会中被最高统治者——皇帝所奴役的男女的形象,我们更可以体会到他们过的怎样一种不自由的、丧失独立人格的生活。

第五节　论二陵出土陶俑在雕塑艺术上的价值

在许多文献记载中,南唐的文化艺术是被描写为很昌盛的。作为南唐皇帝的李璟、李煜父子两人,都是著名的词人;画苑中也集中了像董源、徐熙、周文矩和顾闳中那样杰出的画家。这种昌盛的情况反映到一切的艺术上，像陶俑这样的造型艺术，当然也不会例外。

我们在讨论二陵所出陶俑的艺术价值的时候，如同在讨论男女俑所代表的身份问题一样，也是不能离开唐代的传统和南唐的现实环境的，所以我们首先必须把这些俑和唐代的作品相比较。

刘开渠先生在其《中国古代雕塑的杰出作品》一文中[1]，认为唐代是"中国民族风格显著的新雕塑艺术又为之开花结果了"的时代。刘先生又说："唐代雕塑家一方面为应佛教需要制作了大量的佛教雕塑，一方面不断的从人的生活出发，创作了丰富的含有现实主义精神的优秀作品。我们看，不独唐俑、供养人、动物等作品是生动的反映了唐代社会生活，表现了当时社会的风尚爱好，就连佛教上的许多神像，也常常是充满了人间的美丽。……唐俑在各地出土最多，白陶、红陶或为三彩都有，其中精彩的男女形象，充满生命活力的马、骆驼、狗、猪等，不仅是当时人情习惯、社会风尚的具体证明，更是中国古代雕塑艺术上的伟大成就。"

拿唐代雕塑艺术的成就来衡量二陵所出的陶俑，我们就可以得出如下的几点认识。

（一）二陵所出的陶俑，基本上是承继了唐代雕塑艺术的写实作风。当时的匠师们不是单纯地模仿唐代的作品，而是根据了南唐宫廷中现实人物的形象来进行塑造的。虽然

---

[1]　刘开渠：《中国古代雕塑集》，1955年出版。

南唐的服饰制度是仿自唐代的,但是在俑像中我们很难发现一件和唐俑的服饰完全相同的作品。在制法上,虽然继承了模制和涂粉的技法,但更着重在用刀刻划上。例如俑的耳、目、口、鼻、须发以及头饰、帽子、衣服、靴鞋等都是用刀精细地刻划而成的,其上再涂白粉,或再加红粉和彩绘,比唐俑中的用笔描绘更进一步。这样,使我们能观察到的不仅仅是俑的表情和服饰的大概,而且还可以看到服饰的细部。例如幞头后侧的双孔,说明幞头都有双翅;又如高髻的髻前和两鬓的数字不等的小孔,告诉了我们这种发式的附加装饰物的位置。这些都说明写实的作风在当时是一个主流,而这些作品也就具有实际生活的意义。

（二）这些陶俑中间有一些突出的作品。例如那几件制作精美的持物女俑（即我们认为是"内官"一类的人物的）,全身比例恰当,头部略向前倾,面容含笑,表现出一种柔和妩媚的神情。又如那件顿足起舞的男俑,一足微微掂起,轻轻地扬袖起舞,其面部的表情也恰如其份地表达了他的动作（图版65:4、5、6）。其余几件舞俑和伶人俑也都以不同的神情和姿态来表现了各自的特点。这些俑像应该认为是作者熟悉了这类具体人物、深入地体察了他们的思想感情以后的成功作品。

最突出的还是二陵出土的那几件人首鱼身、人首蛇身和人首龙身的俑（图版106—109）。这些神异的形象虽然早在汉代就已经在画象石上出现了,但从魏、晋、南北朝以至隋、唐,除代表伏羲、女娲的人首龙身像或人首蛇身像还偶而出现以外，[①]其余的似被遗忘了。可以说只是到了南唐，才以具体的俑的形象表现出来。当我们看到这些奇异俑像的时候，不但不觉得它们狰狞可怖，反而感到它们是和蔼可亲的，富有人情味。这说明了当时的匠师们，一方面对古代神话有深刻的体会，因而能将人首和动物的身子巧妙地配合起来，做出非常和谐的形象；一方面还成功地把人的感情注入到这些形象的身上，使这些和唐代镇墓兽性质相近的神物也变成了具有人性的东西。整个说来，我们不能不承认它们是一些非常杰出的作品。

（三）就全部俑像来看，它们是受了南唐宫廷的一定格式的束缚，也受了当时统治阶级萎靡不振的作风的影响，作者们的创造能力是没有得到充分的自由发挥的。例如成群的男女侍从俑，他们的服饰和表情几乎完全一样，缺乏特点和个性，如果拿同类性质的唐俑来相比，就可以很明显地看出两者的优劣。又如马、骆驼等动物俑，虽然形象也是逼真的，但毕竟缺乏唐代陶马和陶骆驼那种蓬勃的生气，它们只是驯服的、供人玩弄的家畜，而不是摧坚陷阵、昂首嘶风的骏骑与横绝大漠、负重致远的驼队。

总之，二陵陶俑的制作艺术是继承了唐代现实主义的精神，在技法上有一定的成就，但它们的生命力是不强的，

---

① 西安地区有北朝石棺一具，棺盖上刻上半身人形、下半身龙形的伏羲、女娲像，见茹士安、何汉南《西安地区考古工作中的发现》，《考古通讯》1955年第三期。新疆吐鲁番唐墓所出绢画上有人首蛇身的伏羲、女娲像，见黄文弼《吐鲁番考古记》（1954年出版），图版590。

新的、突出的创造是不多的。因此,它们的主要价值在于填补了唐宋之间南方雕塑艺术的一个空白,使我们认识到这个时代作品的特点。如果拿它们和同时期的绘画作品——例如传世的《韩熙载夜宴图》《宫中图卷》和《重屏会棋图》①相比,那就未免有些逊色了。

---

① 《重屏会棋图》,南唐周文矩作,现藏故宫博物院绘画馆。《五代诗话》引《研北杂志》云:"周文矩画重屏图,江南李中主兄弟四人围棋,纸上着色,皆如生前。"(见《粤雅堂丛书》)

第五章　出土遗物——玉哀册、石哀册及玉、骨、铜、铁等器

第一节　玉哀册及石哀册

玉哀册及石哀册是南唐二陵的两种重要出土遗物,也是决定二陵年代的主要根据。现在把两种哀册的出土情况、质料、内容、编排次序以及所能说明的问题分别叙述如下。

一　李昪陵出土的玉哀册

李昪陵共出土成片的玉哀册 23 片,其中比较完整的 11 片,残缺的 12 片,另边缘残块 5 片(图版 112—115:1—3, 123—133)。在出土的时候,位置和次序都已经凌乱了。它们大多数散乱在后室东面偏南侧室的砖台上下,并且粘附着漆皮淤土,其中有 3 片带有漆皮的玉哀册还粘着在 1 件不规则形状的大铁块上(图版 111:5)。此外,后室棺床的附近也出有几片,还有 1 片残缺的出于前室东侧室。又后室东面偏南侧室的砖台上还遗留两件没有盖的、大小不同的石函(图版 111:3、4)。

我们揣测粘附在玉哀册上的漆皮就是原来用作盖石函的漆板的残片,而两件石函则是盛玉哀册用的。至于粘着玉哀册的铁块是什么东西? 由于这种铁块只发现 1 件,且不成形,所以还不能加以肯定,也可能是盗掘者用来砸破石函的工具。

这 20 多片哀册都用硬度颇大的浅绿色或白色的玉制

成。大多数正面都刻着三行楷书的文字，少数几片只刻一行，也有完全不刻的，字内原来都填金，背面则一般都刻有编号。每片哀册的大小相等，都是长 16 厘米，宽 7 厘米，厚 0.2—0.3 厘米。从哀册的玉质、刻工、填金各方面，可以看出南唐当时的经济力量是比较充裕的，并且有着技术熟练的刻玉工人。

我们根据玉哀册的文字内容、原来编号和两件石函的大小来进行研究，认为这 23 片玉哀册是应该分属于两部哀册的，为作想象图（插图 111、112）并分别说明如下。

〔一〕第一函哀册

根据反复的编排，我们认为这函哀册的原数应为 42 片，上下排各 20 片，刻着册文，最前还有两片，刻着某某皇帝哀册或谥册一行字。这函哀册是放置在较大的一件石函内的，这件石函的面积是 1.59 × 0.43 米（插图 111；图版 111:3、123—130）。

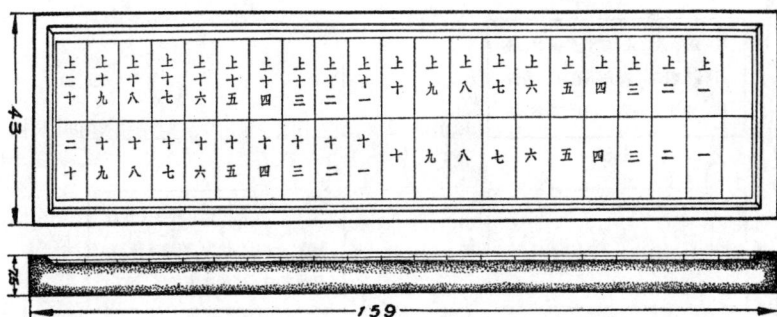

插图 111　李昪陵出土的第一件石函及其中放置的哀册的想象图

这函哀册现存的只有 17 片，现在我们按次排列如下（改成横排）。

維保大元年，歲次癸卯，十
子嗣皇帝臣瑤，伏以
高祖開基，

上一

文皇定業，漬之
德澤，薰以
聲敎。

上二

（缺）

上三

九廟夷而再立。
能事之美，詎可罄而紀
文德光乎區外。

上六

（缺）

上八

臣，殲暴歛之吏，孝賷於家者，祿
日昃未暇食，夜央不遑寐。憂霜
機。尤又克勤克儉，弗伐弗矜，和

上九

（缺）

上十

一月二十有八日壬寅，哀

（原缺）①

一

（缺，原應無字）

二

安甑久，寇盜易興，訐雄

（上四至五缺四片）

三

（六至上八缺四片）

六

勳不我始，驩軯匝野以霧合，樓
爵以貴，網羅俊彥，散金以餌。
明覘雖葵藿不弃。旌逆鱗之

八

（缺）

九

厚　化。於是乎富壽
輻湊。其　仁伊何，賢者之裔，必
羽獵之樂，則放韝鷹之繁。重躬

（上十一至十二缺兩片）

十

---

① 陆游《南唐书》卷一："昇元七年，……二月庚午，帝崩于昇元殿，年五十六。十一月壬寅，葬永陵。"昇元七年即保大元年（公元943年）。据陈垣《中西回史日历》，这年的十一月壬寅应是二十八日。

寶册,上
睿諡曰
光文肅武孝高皇帝,廟號
（补①）
上十二

（缺,原應无字）
十二

烈祖。伏惟
明靈降格,膺茲典禮,錫
祐垂
上十三

（无字）
十三

裕,俾安後昆。嗚呼哀哉!
（缺）
上十四

（无字）
十四

（上十五至十六缺四片）

（缺）
上十七

以輕寒,信攀髯而云墜。羣族隨
愁,晝慘慘兮如晦。昊天亦泣,雨
距邇七月之期,亟來挽紼之
十七

曲。言邁国山
鳳轍兮儀
天威,朔氣
（缺半）
上十八

誰復移,景旣逝
龍輴兮
野風蕭蕭兮白楊
（缺半）
十八

沉沉兮弓劍莫攀,高嶽峨峨
玄扃,蠢彙傷情兮凝魂
垂祐無疆兮　　慶墓巍
上十九

（缺）
十九

月兮齊明合輝。嗚呼哀哉!
上二十

（缺）
二十

---

① 马令《南唐书》卷一："七年春二月,……殂于路寝,寿五十六。葬永陵,谥光文肃武孝高皇帝,庙号烈祖。"

这篇残缺不全的哀册文或谥册文,如果我们把它分段的话,"十"以前可以算是第一段,内容是颂扬李昪的"功业";"上十二"到"上十四"可以算是第二段,说明李昪的谥法和庙号;"十七"到"上二十"可以算是第三段,主要就是哀悼的文章。

按古代哀册文或谥册文,都有其一定的格式,现在举唐朝几个皇帝、皇后的哀册文或谥册文为例。

褚遂良《唐太宗文武皇帝哀册文》:①

> 维贞观二十三年,岁次己酉,五月甲辰朔,二十六日己巳,大行皇帝崩于翠微宫之含风殿,旋殡于太极殿之西阶,粤八月庚子,将迁座于昭陵,礼也。凤管凝秋,龙帷将曙,溢化同轸,绵区缟素。哀子嗣皇帝某,览风树而增感,攀铜池而拊膺,迫宗祧之是寄,伤往驾之无凭。……爰诏司存,传芳琼宇。其辞曰:三微固祉,五曜垂文,光昭司牧,对越唐勋。……万方悲而雨泣,三灵惨而云沍,嗟厚德之长违,仰高天而攀慕。呜呼哀哉!崇基永焕,置业方昭,遗风余烈,天长地遥。想神襟而腾茂,纵史笔而扬翘,笼嘉声于日月,终有裕于唐尧。呜呼哀哉!

权德舆《唐德宗神武皇帝谥册文》:

> 维永贞元年,岁次乙酉,十月景申朔,孝孙嗣皇帝臣某,伏维大行皇帝,德合天地,作人父母。……谨遣摄太尉门下侍郎平章事杜黄裳谨奉册,上尊谥曰神武

---

① 此文及以下诸文均见(宋)姚铉:《唐文粹》卷三十二。

孝文皇帝，庙曰德宗。伏维圣灵昭格，膺是典礼，幽赞
丕祉，流于无穷。呜呼哀哉！

权德舆《唐顺宗庄宪皇后谥册文》：

维元和十一年，岁次景申，某月朔日，哀子嗣皇帝
臣某，伏维大行皇太后，柔明承天，广大法地。……谨
遣摄太尉中书侍郎平章事臣裴度奉册，上尊谥曰庄宪
皇后。伏维皇灵降格，淑圣幽赞，昭配清庙，对越鸿休，
与太阴方祇，永永无极。呜呼哀哉！

夏侯孜《唐懿宗元昭皇太后谥册文》：

维大中十三年，岁次己卯，九月癸丑朔，二十七日
己卯，嗣皇帝臣，伏维先太后体贞明以合天，木懿粹而
象地。……谨遣摄太尉门下侍郎兼兵部尚书平章事萧
邺奉册，上尊谥曰元昭皇太后。伏维明灵昭格，俯鉴精
诚，……惟是荐享，与唐无疆。呜呼哀哉！

我们读以上所引几段文章，将它们和李昇的册文相比
较，可以看出后者在格式上和语句上都是模仿前者的。

根据《唐文粹》卷三十二所载的唐朝七个皇帝和五个皇
后的哀册文和谥册文，我们看出两种文有显著的分别。哀册
文是在下葬时用的。文的起头照例说，维某年某月某日，大
行皇帝或大行皇后崩于某某宫或某某殿，某月某日，将迁座
或迁祔于某陵，礼也；接着是几联有韵的四六文；然后是一
大篇的哀辞，以"其辞曰"起，以"呜呼哀哉"结，辞皆有韵。
文中一般都没有上尊谥和庙号的记载。谥册文是在追上谥
号时用的。文的起头照例说，维某年某月某日，哀子或孝孙

嗣皇帝臣某,伏维大行皇帝或大行皇太后,接着是一大段"歌功颂德"的四六文;以后便是遣某某奉册,上尊谥曰某某皇帝,庙号某祖或某宗,或上尊谥曰某某皇后;下面就是请求神灵下降,接受这个典礼,最后以"呜呼哀哉"结。文中一般不说迁座于某陵,也无大段的哀辞。现在我们看李昇的册文,从"上十四"以上,是谥册文的格式,以下又有大段哀辞,是哀册文的格式,我们认为它是将两种册文合而为一的,为省便起见,我们简称为哀册文。

〔二〕第二函哀册

根据反复的编排,我们认为这函哀册的原数应为 32 片,上下排各 15 片,刻着册文,最前还有两片刻着某某皇后哀册或谥册一行字。它们是放置在略小的一件石函内的,这件石函的面积是 1.255 × 0.415 米(插图 112;图版 111:4、131—133)。

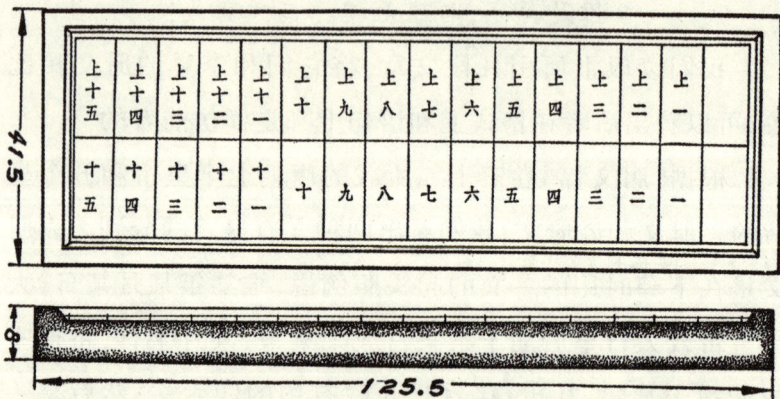

插图 112　李昇陵出土的第二件石函及其中放置的哀册的想象图

这函哀册现存的只有 6 片,而且有 3 片是残缺没有原编号的,现在我们也试行排列如下(改成横排)。

维保大三年，岁次乙巳，十
大行皇太后崩於□□□，
日，将遷祔于

（原缺）①

上一

月□□朔，□□日□□，
粤四年，岁次丙午，四月□

（原缺）②

一

欽陵，禮也。鐘鳴
玄宮

（缺大半）

上二

連，子夜云艾，
大夢乘　魂氣而上仙。孝子
是襲，載拚載踴，以號以泣。

（上三至七缺）

二

太壇
謐元恭皇后。

（补）

上？

（缺）

七

禋告
嚴配，誠動於
穹厚。符瑞　出，戎狄屢

上八

（缺）

八

（缺）

上九

惜而未用，美利籌之未

九

囝不蔓延。其　祥
如練之鳥，翔乎
屢法柯於　掖

？

---

① 马令《南唐书》卷六："先主元恭皇后宋氏，……保大三年殂，葬永陵，谥元
恭。"

陆游《南唐书》卷十六："烈祖元敬皇后宋氏，……保大三年十月卒，祔葬永陵。"

吴任臣《十国春秋》卷十八："元敬皇后宋氏，……保大三年十月殂，祔葬永陵，
谥元敬。"

② 马令《南唐书》卷二："四年，……夏四月，……葬元恭皇后于永陵。"

这函哀册,虽只存零编断简,但从一些语句,如"子夜云艾",如"屡泫柯于掖口",可以看出为哀悼女性的文章。"禋告严配"一语,更为显明,"配"指的是死者的配偶,"严"表示其为男性。同李昪合葬的女性,除他的妻子宋氏外,更无他人,加以马令、陆游的《南唐书》都说宋氏是祔葬于李昪的陵墓中的,所以我们肯定这第二函哀册是宋氏的哀册,而将已失去的"上一"与"一"两片的文字补上。

如果我们将这篇哀册文和唐代皇后的哀册文相比,也可看出它是模仿后者的。举虞世南《唐太宗文德皇后哀册文》(见《唐文粹》卷三十二)为例。

> 维贞观十年,岁次甲申,六月己未朔,二十一日己卯,大行皇后崩于立政殿,粤九月十日丁酉,将迁座于昭陵,礼也。殡宫夕启,灵辖晓前,俨帷帝于空殿,肃陛卫于灵筵。……其词曰:……气变灰飞,暑退寒袭;烟触树而凝惨,露分枝而垂泣;闻哀雁之夕飞,听悲风之晓急;仰云霄而永慕,恸陵寝其何及。呜呼哀哉!……

看宋氏的哀册文,前有祔葬的纪录,次有哀悼之句,后有哀醉,同文德皇后的哀册文格式是一样的。"屡泫柯于掖口"一语,同"露分枝而垂泣"以及颜延年《宋文皇帝元皇后哀策文》(见《文选》卷五十八)中"洒零玉墀、雨泗丹掖"之句辞意相似。所不同的,宋氏哀册文中似亦纪其谥法,可能同李昪的册一样,将哀册文与谥册文合而为一。

〔三〕这两函玉哀册所说明的问题

1. 陵名问题

在第二函的一片哀册上,有"钦陵礼也"四字。钦陵无疑地是李昇和宋氏合葬的陵名,但两《南唐书》和《十国春秋》均作永陵,这是什么缘故呢?

我们认为李昇陵本名钦陵,到李璟交泰元年(公元 958年)五月臣服于后周以后才改的。改的原因是因为后周开国皇帝郭威的父亲郭简的陵也叫钦陵,[①]南唐既然向后周称臣纳贡,当然陵寝不敢同名,所以改叫永陵。从这件事情,我们也可以体会到统治阶级之间对于"名"的观念。

还值得研究的是这片带有"钦陵礼也"四字的哀册(唯一的出在前室东侧室的一片)已被人用刀子刮过,字迹显得模糊,而其余的册只有一片的编号被刮过。按理说,宋氏死于公元 945 年,葬于公元 946 年,那时南唐国势正强,还没有向后周称臣,似不应该就要刮去陵名。我们认为可能是盗掘者刮的。

2. 李璟的名字问题

在第一函哀册中,把李璟称作"嗣皇帝臣瑶",这和《新五代史·南唐世家》、两种《南唐书》与《十国春秋》"初名景通、既立、改名璟"的记载不相符合,这又是什么缘故呢?

我们认为李璟的名字原名景通,在即位时就改名瑶,以

---

① 马令《南唐书》卷四:"夏五月,下令去帝号,称国主,奉周正朔,以交泰元年为显德五年。"

薛居正《五代史》卷一百十《周书太祖纪》:"皇考讳简,汉赠太师,追尊为章肃皇帝,庙号庆祖,陵曰钦陵。"

避免和他的兄弟景遂、景达、景逷同一排行,这是当时封建君主的一种习惯。后来大概因为"瑶"字是常用的字,不容易避讳。而且五代的皇帝喜欢用带"日"字头的字做名字,取"天子当阳"的意思,例如后梁太祖原名朱温,改名朱晃,后汉高祖原名刘知远,改名刘暠,李璟的父亲原名徐知诰,改名李昪等等。所以中主就取"瑶"字的"玉"字偏旁加在原来景通的"景"字上,就成为"璟"字。到后来臣服于后周,又因后周皇帝郭威的高祖父名璟,不敢不避讳,所以又去掉"玉"字偏旁,而改为景。①薛居正撰《五代史》,欧阳修撰《新五代史》,皆以后周为正统,所以称中主的名为景。②后来马令及陆游先后作《南唐书》,就仍称璟的旧名了。

二 李璟陵出土的石哀册

李璟陵共出土石哀册 40 片,全部是残缺的,其中有字的只有 20 片。哀册用石灰岩制成,表面作淡黄色,内作粉白色,质很差,容易酥脆。一般的每片宽 2.8 厘米,只有李昪陵所出的玉哀册片宽度的三分之一左右(有三片特别宽的例外);但厚度较大,一般的厚 1 厘米,成窄长形的条状;因没有一片完整的,所以长度不知道。每片所刻文字只有一行,刻得很浅,并且没有填金的痕迹。字体和文体一般都和李昪陵所出的相同(图版 115:4、5,134,135)。

哀册出土的地点大部分在后室的棺床上下,有的在棺

①　薛居正《五代史》卷一百十《周书太祖纪》,又卷一百三十四《僭伪列传》及陆游《南唐书》卷二。

②　《五代史·僭伪列传》及欧阳修《新五代史》卷六十二《南唐世家》。

床上的淤土中发现,有的在棺床东侧及西侧的淤土中发现,还有小部分残块出土在前室淤土中,这大致是被盗掘者带去的。至于漆皮和石函,都没有发现。

从哀册文的内容看来,我们认为这些哀册片也是分属于两函哀册的。现在试行排列如下(以文字较清晰的为限)。

(一)第一函

岁次

先朝

人柱国赐紫(金)鱼袋("鱼袋"二字太模糊,未拓出)

先帝之

弟居储元

故岁青阳

瞑眩缀(朝)

尊谥曰(明道崇德文宣孝皇帝,庙号元宗)[①]

贻后昆之

髯断稽山鸟来("来"字太模糊,未拓出)

(二)第二函

元

后(以上两片为篆书)

号之宝(以上三片较大,是放在册文前面的)

徒惊兮

兮凝睇

---

① 马令《南唐书》卷四:"遣使入朝(指北宋),乞追复帝号,太祖皇帝(指赵匡胤)许之。谥明道崇德文宣孝皇帝,葬顺陵,庙号元宗。"

我们把这些残片分成两函的根据如下。

1. "弟居储元"四字,毫无疑问的是指李璟即位以后,立他的三弟景遂为皇太弟的故事。这事见马令《南唐书》卷三:"五年,……以齐王景遂为太弟。"亦见陆游《南唐书》卷二:"保大元年,……秋七月,……仍以景遂为诸道兵马元帅,居东宫。……仍诏中外以兄弟传国之意。……保大五年春正月,立齐王景遂为皇太弟。"

2. "髯断稽山鸟来"六字,原文大致为"鼎湖髯断,稽山鸟来"二句,第一句是用的"黄帝乘龙上天"的故事。这事见《史记》卷十二《孝武本纪》:"黄帝采首山铜,铸鼎于荆山下。鼎既成,有龙垂胡髯,下迎黄帝。黄帝上骑,群臣后宫从上者七十余人,龙乃上去,余小臣不得上,乃悉持龙髯,龙髯拔,堕黄帝之弓。百姓仰望黄帝既上天,乃抱其弓与龙胡髯号。故后世因名其处曰鼎湖,其弓曰鸟号。"这典故应该用在皇帝身上,而南唐除了李昪外,只有李璟一人是有皇帝称号的。

3. "人柱国赐紫(金)鱼袋"一句,我们认为是李璟在杨吴时代的官衔和赐的佩饰。按李璟在杨吴时代,官至司徒平章事。① 根据刘昫《唐书》卷四十二《职官志》,司徒为正第一品,柱国为从第二品,李璟大致是先作柱国,后晋司徒的。关于紫金鱼袋,据王溥《唐会要》卷三十一:"嗣王郡王有阶级者,许佩金鱼袋。……诸亲王长子,先带郡王官阶级者,亦听著紫,佩鱼袋。……鱼袋,著紫者金装,著绯者银装。"李昪

---

① 见马令《南唐书》卷二。

在夺取杨吴帝位以前，曾封齐王，李璟为昪的长子，赐紫金鱼袋，是合乎旧制的。我们将这一句和哀册中的"先朝"一词联系起来看，意义就更显明了。

4. 我们再看"贻后昆之"和"尊谥曰"等措词，和李昪陵所出的第一函哀册的语气相同。因此，我们认为这陵中第一函哀册是为李璟而作的。

5. 第二函哀册有"元"、"后"两字的两片，大小厚薄都相同，字体也一样（都是篆书），我们认为应是有"元宗光穆皇后"①一词的哀册的残块。"号之宝"那片哀册可能也与此有关。另一片有"凝睇"二字，也是同女性有关的词句。我们再参照《南唐书》的记载，知道李璟的皇后钟氏是"祔葬顺陵"的。②因此，我们认为第二函哀册是为李璟的皇后钟氏而作的。

总起来说，根据哀册的内容，这墓应该是南唐中主李璟和他的妻子钟氏的合葬墓。这两函哀册，比起李昪陵的哀册来，在质料上和制作的精工上都要差得多，这反映着南唐当李璟和钟氏死时财力竭蹶的情况。

从二陵出土哀册零乱的情况，我们联想到一个问题，即二陵是什么时候被盗掘的？根据二陵各室淤土堆积的情形，我们看出淤土都是从盗掘洞慢慢渗漏下来的，直到那些盗掘洞本身都被淤土堵住了，渗漏才停止，这是需要相当长的

---

①② 马令《南唐书》卷六《女宪传》："乾德三年，圣尊后殂，葬顺陵，谥光穆。"
　　陆游《南唐书》卷十六《后妃诸王列传》："元宗光穆皇后钟氏，……乾德三年（公元965年）十月卒，……葬顺陵。"

时期的。又盗掘洞都是在墓室最弱、即最容易打进去的地方——砖砌的墓室顶的正中或一角,表示盗墓者对于墓的构造,有相当的熟悉。因此,我们认为盗墓的人,即有原来造墓的人或他们的子孙、亲友参加,而盗墓的时代,大概就在南唐亡后不久,甚至在没有亡国以前。据马令《南唐书》卷十《李建勋传》:"临卒,顾谓门人曰:'吾死,敛以布素,旷野深瘗,任民耕辟,不须封树。'暨甲戌之役,公卿茔域,越人发掘殆尽,而独建勋以不知葬所获免。"公卿坟茔,尚且发掘殆尽,则并峙的二陵,亦何能幸免? 马令《南唐书》卷二十六《浮屠传》又纪宋兵渡江,就牛头山的僧寺为营署,二陵附近既成兵营,二陵的被掘,自然是意中事。甲戌是公元974年,宋同吴越合兵攻南唐,宋兵屯金陵城南十里;次年乙亥(975),宋兵同吴越的兵会合,围着金陵,十一月,金陵城破,李后主出降,南唐遂亡。[①]乙亥这一年上距李昪葬于钦陵的年代(943)不过三十二年,上距李璟葬于顺陵的年代(962)不过十三年,时间这样的短,难怪盗墓人如此的内行了。至于1950年的盗掘,虽然墓被打开,有不少的人进去过,但由于淤土堆积,遗物大半埋在土里,所以大致只有少数的东西被盗出来,损失是不大的。

---

① 见马令《南唐书》卷五及陆游《南唐书》卷三。

第二节 玉、骨、铜、铁等器

二陵出土的玉、骨、铜、铁等器数量很少,而且大部分是残破的。有些物件则是建筑上所用的,像铜门钉和铁钉等。现在把二陵各室出土的这几类器的数量列表如下:

表六 南唐二陵出土的玉、骨、铜、铁等器统计表

墓别	室别	玉骨器类		铜器类						铁器类		共计
		玉饰片	骨珠	钥匙	残铜镜	钉帽	容器残片	残饰件	铜钱	铁钉	铁块	
李昇陵	前室			1	1	7		2		107		
	中室									3		
	后室	1				5	2			40	15	184
	小计	1		1	1	12	2	2		150	15	
李璟陵	前室	1	4						1(墓门外)	27		
	中室									6		
	后室									34	7	80
	小计	1	4						1	67	7	
说明		(1)本表数字未包括碎铁块在内 (2)玉哀册的数字未包括在内										

下面分别将各类器物简要地加以说明。

一 玉骨器类

二陵各出土玉饰片1片。李昇陵后室出土的玉饰片上刻有"羽人"的形象,和唐代敦煌壁画上的"飞天"很相近,但此片已残,故羽人亦不全(图版116:1—4)。李璟陵前室出土的1件,平整没有纹饰(插图113;图版116:5)。

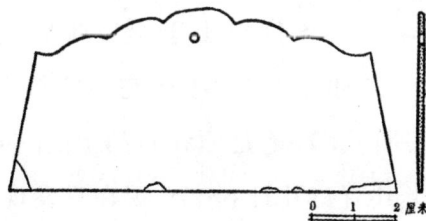

插图113 李璟陵出土的玉饰片

骨珠 4 件,都出土于李璟陵前室。质料都很酥脆,触之即碎(图版 116:6)。

这两种玉骨器大概都是墓主人的饰物。

二 铜器类

铜钥匙 1 件,出土于李昇陵前室靠近墓门的地方。钥匙一端作环状,一端作"工"字形,全长 32.5 厘米,青铜制,质很坚硬,表面有绿锈(插图 114;图版 117:1)。就出土地点看,这钥匙应是开启门锁用的,但没有发现门锁。

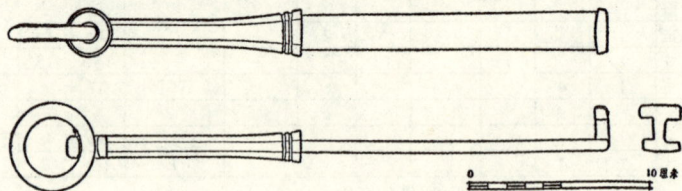

插图 114　李昇陵出土的铜钥匙

残铜镜 1 件,出土于李昇陵前室。我们共发现 3 块残片,并且据其中的 1 块边缘残片复原成下图。这样,原镜的直径就达 43.8 厘米。此外,从这几块残片看,原镜的边缘部分是没有花纹的(插图 115;图版 117:3)。

铜钉帽 12 件。其中 7 件出土于李昇陵前室,有的上有鎏金痕迹,直径皆为 3.5 厘米,可能原是墓门上用的(插图 116;图版 117:4)。另 5 件出土于李昇陵后室石门前的过道内,直径皆为 6.6 厘米,其大小恰与后室石门上显出的钉帽的痕迹相合,所以无疑地是原在石门上的(插图 117;图版 117:5)。石门上共有钉孔计 66 个,现在只发现 5 个铜钉帽,可见有 61 个铜钉帽是被盗掘者取走了。

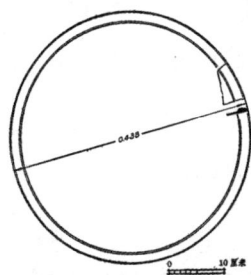

插图 115　李昇陵出土的铜镜复原图

插图 116　李昇陵出土的铜钉帽

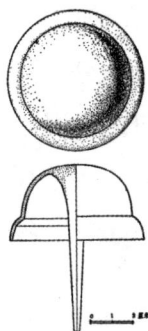

插图 117　李昇陵出土的大铜钉帽

铜器残片 2 件,出土于李昇陵后室,看形状是容器口部的残片。

铜饰件 2 件,出土于李昇陵前室。其一表面鎏金,作"π"形(图版 117:2)。另一表面也鎏金,作长方形,并带两个小孔。这两件可能都是器物上的附件。

铜钱 1 枚,出土于李璟陵墓门前,字迹已很模糊,似为"开元通宝"钱(图版 117:6)。

三　铁器类

李昇陵共出土铁钉 150 个,分别出在前、中、后三室,而以前室出土的最多。其中长达 35 厘米左右的大铁钉 9 个,分别在墓门内和中后两室室顶上发现,在墓门内发现的 5 件,大概和门有关(图版 118:1)。另外 100 多个小铁钉,皆长 10 厘米左右,主要出在前室,我们揣测是装钉木质的藻井用的,因为同时发现的还有朽木的残留(图版 118:2、4)。

李璟陵共出土了 67 个小铁钉,分别在前、中、后三室出土,在前中二室出土的,我们揣测也是装钉藻井用的。

此外,李昪陵后室还出土了 15 块铁块。其中黏有 3 片哀册的 1 块,厚而重,且不成形,不像是制成的器具。另 14 块较小,成不规则的厚片状,很像是一种铁容器,如铁缸之类的残片。李璟陵后室也出土了 7 块这种铁块。

四　其他

二陵的前室和后室都出土了一些朽木块,李昪陵后室棺床旁及石函旁并出了一些黑漆皮(图版 118:3、4)。我们认为前室出土的朽木块可能就是木质藻井的余留,而后室出土的朽木块和漆皮则是漆棺和漆板一类东西的余留。

总起来说,二陵出土的玉、骨、铜、铁等器是不多的,而且大半是残缺不成器的。这说明盗掘者当时盗走的主要器物就是金玉珠宝和一些鎏金的便于移动的随葬品。在李昪陵后室六间侧室中,东面中间和靠北两侧室破坏得特别厉害,不仅砖台被毁了,中间侧室的地面也被掘了,大概这几间侧室原来都是放金玉珠宝一类的东西的。

结束语

　　在五代十国割据纷扰的局面中,南方几个国家由于战争较少,人民生活比较安定,生产有一定的发展,经济达到相当的繁荣程度。南唐便是这些国家中的一个。

　　南唐前期据有江淮下游的地区,奖励耕织,兴修水利,使这地区迅速地恢复了唐代的繁荣。南唐统治者以唐代帝王的子孙自居,在典章制度上尽力模仿唐代,不仅保存了唐代文化中许多东西,而且在某些方面还有新的发展。

　　南唐只有三主,先主、中主都葬于金陵,故今日南京南郊有二陵的发现。二陵中珍贵的随葬品已大半被盗去,但陵墓本身和幸而遗留下来的东西还代表了南唐艺术的部分精华。无论从建筑方面,从彩画方面,从雕刻塑像方面,处处表现着南唐艺术是承袭唐代的,有的差不多完全摹仿唐代的作风,有的则颇有新的创造。整个说起来,它是因袭多而创造少。就整个风格来看,它以纤巧秾丽见长,而失之于格局太小,失之于柔弱,缺乏唐代艺术那种雄伟的气魄、高亢的风致。

　　二陵中最珍贵的遗存是彩画;它是已知的我国建筑装饰彩画存世的最早的例子。其次是那些陶俑;它们是研究我国古代宫廷制度、服饰制度和雕塑艺术的绝好的资料。再次是瓷器；它们为我国瓷业史填补了一页空白。

将二陵的建筑相比，材料的坚实，规模的宏伟，结构的复杂与谨严，装饰的华丽，李璟陵不如李昪陵。将二陵的出土物相比，数量的繁多，式样的丰富多采，制作的精美，李璟陵也不如李昪陵。换句话说，李璟陵是摹仿李昪陵而加以贬损的。何以如此？这是由于当时的政治经济状况来决定的。李昪死的时候，南唐国势正强盛；而且陵的开始建造，大概在昪生前，在皇帝时时"亲自临视"的情况之下，是不容有丝毫苟且的。到李璟死的时候，南唐为后周所逼，失去长江以北的地方，国力已衰弱了；加以李璟是死于南昌，归葬金陵的，死后仓卒造陵，自然诸事要草率一些，简陋一些。

总之，二陵的建筑和出土物反映着南唐经济文化的具体情况，也显示出艺术领域中最重要的几个部门在唐宋间这个过渡时期所起的承先启后的作用。我们要研究五代时期的历史，这些材料是特别可珍的。

附录一　南唐二陵出土遗物一览表

一　李昪陵出土的遗物

编号	名称	大小（单位厘米）	出土地点	插图	图版	备注
南 I　001	拱立男俑	高 49	后室		52：1、2、3	
002—004	拱立男俑	平均高 46	后室		53：1、2	
005—008	拱立男俑	——	后室			残缺
009	拱立捧兽男俑	高 47	后室		52：4、5、6	
010	拱立捧兽男俑	——	后室			残缺
011	抱卷男俑	残高 29	后室		53：4、5	
012	持剑男俑	残高 47	后室		53：3	
013	持剑男俑	——	后室		53：6	残缺
014	持盾男俑	高 51	后室	86	54	圭形盾
015	持盾男俑	高 50	后室		55	圆形盾
016—019	持物男俑	平均高 47	前室		56	双手分置胸前
020—022	持物男俑	平均高 47	后室	83	57	双手分置胸前
023—028	持物男俑	平均高 55	前室		58：1、2、3 59：1、2、3	双手叠置胸前
029	持物男俑	高 49	后室	82	59：4	双手叠置胸前
030	持物男俑	高 57	后室		58：4、5、6	双手叠置胸前
031	持物男俑	高 47	后室		60：1、2、3	戴"王"字帽
032	持物男俑	残高 34	后室		60：4、5、6	戴莲瓣状帽
033	持物男俑	高 47	后室		61：1、2、3	戴风帽
034	持物男俑	高 51	后室		61：4、5、6	戴胄形帽
035	持物男俑	——	中室			残缺
036—043	持物男俑	——	后室			残缺
044	伶人俑	高 44.5	前室		62：1、2、3	
045	伶人俑	高 39	前室	84	62：4、5、6	略残
046	伶人俑	高 43	前室		63：3	
047	伶人俑	高 46	前室		63：1	
048	伶人俑	高 43	中室	85	63：2	
049	伶人俑	高 43	中室		63：4	

编号	名称	大小（单位厘米）	出土地点	插图	图版	备注
南 I 050	男舞俑	高 44	前室	87	64:2 65:1	
051	男舞俑	高 46	前室		64:1 65:2、3	
052	男舞俑	高 42	中室	88	65:4、5、6	略残
053	男舞俑	高 39	后室			残缺
054—062	男俑头	——	各室			
063	男俑残件	——	各室			14 块
064	男俑残件	——	各室			4 块
065	拱立女俑	高 58	墓门外		66:1	
066	拱立女俑	高 57	前室		66:2	
067	拱立女俑	残高 42	前室		66:3	
068	拱立女俑	残高 38	前室		66:4	
069	拱立女俑	残高 41	中室		67:1	
070	拱立女俑	残高 31	中室		67:2	
071—083	拱立女俑	平均高 58	后室	94	67:3、4、 68、69	
084	拱立女俑	高 48.5	前室			
085—092	拱立女俑	平均高 48	中室	92 93	70—72:1、 2、3	
093	拱立女俑	残高 34	后室	91	72:4、5、6	梳双髻
094—096	拱立女俑	——	后室			残缺
097	盛装女俑	高 48	中室	98	78	
098	盛装女俑	高 48	中室	97	79	
099	盛装女俑	高 49	中室	99	80	
100	持物女俑	高 46	墓门外		73:1、2、3	双手叠置胸前
101	持物女俑	高 47	前室		73:4、5、6	双手叠置胸前
102—105	持物女俑	平均高 47	中室	95	74:1、2	双手叠置胸前
106	持物女俑	高 47	后室		74:3	双手叠置胸前
107—110	持物女俑	平均高 48	墓门外	96	74:4、5、6	双手分置胸前
111—116	持物女俑	平均高 48	前室		75 76:1、2、3	双手分置胸前
117—129	持物女俑	平均高 48	中室		76:4、5、6 77	双手分置胸前
130—141	持物女俑	——	中室			残缺
142	持物女俑	——	后室			残缺
143	持物女俑	——	后室			残缺

编号	名称	大小（单位厘米）	出土地点	插图	图版	备注
南Ⅰ 144	女舞俑	高 49	前室			残缺
145	女舞俑	高 46.5	前室	100	81	
146	女舞俑	高 44	中室	101	81:2 83:3、4	
147	女舞俑	高 46	中室		82:1 83:1、2	
148—160	女俑头	——	各室			
161—170	男女俑残部	——	各室			
171	陶马	长 26,高 17	前室		99:5	
172	陶马	长 24,高 12.5	前室		100:3、4	
173	陶马	长 25,高 15	前室		100:1、2	
174、175	陶马		前室			残缺
176	陶骆驼	长 31,18	前室		98:3、4	
177	陶骆驼	长 36,高 15	前室			
178	陶骆驼	长 31,高 15.5	前室		98:1、2	
179	陶骆驼	长 28,高 16	前室		99:1、2	
180	陶骆驼	长 27,高 14	前室		99:3、4	
181—183	陶骆驼	——	前室			残缺
184	陶鸡	长 27,高 19	后室		101:1、2	
185	陶蛙	长 21,高 10	后室		101:3、4	
186	陶人首蛇身俑	长 44	后室		106:2、3	
187	陶人首蛇身俑	残长 23	后室		106:1	
188	陶人首龙身俑	长 46	后室		107:4、5	
189	陶人首鱼身俑	长 48,高 135	后室		107:1、2	
190	陶人首鱼身俑	——	后室		107:3	残缺
191	陶人首鱼身俑残部	——	后室			
192	陶人首龙身俑残部	——	后室			
193—244	窄面陶座	平均 20×14×9	各室	109:1	110:1	
245—281	宽面陶座	平均 21×16×7	各室	109:2	110:2	
282—295	阶状陶座	平均 32×20×9	各室	109:3	110:3	
296	陶鸡座	——	后室		110:4	残缺
297	陶兽座	——	后室		110:5	残缺
298	陶兽座	——	后室			残缺
299—308	残陶座	——	各室			

编号	名称	大小（单位厘米）	出土地点	插图	图版	备注
南 I 309	铜钥匙	长 32.5	前室	114	117:1	
310	铜饰件	——	前室		117:2	鎏金,残缺
311	铜饰件	——	前室			残缺
312	残铜镜	——	前室	115	117:3	
313	铜钉帽	圆径 3.5	前室	116	117:4	7 件
314—318	铜钉帽	圆径 6.6	石门附近	117	117:5	
319	铜器残片		后室			
320—335	铁钉	——	各室		118:1、2	锈蚀
336—339	铁块	——	后室		111:5	锈蚀
340	玉饰片	——	后室		116:1—4	残缺
341—365	玉哀册片	平均 16×7	后室		112—115:1—3 123—133	内一片出于前室
366	石函	159×43	后室	111	111:4	
367	石函	125.5×41.5	后室	112	111:3	
368	漆皮	——	前后室		118:3	
369	朽木块	——	后室		118:4	
370—374	尊式陶罐	平均高 36.4—37.4，口径 175—18.8	后室	60	47	内一件为残底
375—377	灰色无釉罐	——	后室			残缺
378	陶器残片	——	后室			
379	四耳陶罐	高 23，口径 19.5	前室	61	48:1	残缺
380	残陶器	——	前室			
381	带嘴陶罐	——	前室		48:2、3	残缺
382	带嘴陶罐	——	后室			残缺
383	残小碗	高 3.7，口径 10.4	前室			
384	残陶器	——	前室			
385—387	残陶器	——	后室			
388	小瓷碟	高 3，口径 10.2	前室	64	48:4	
389	小瓷碟	高 3，口径 10.2	中室	65	48:5	葵瓣口
390	瓷碗	高 6.7，口径 19	中室			残缺
391	小瓷碗	——	前室			残缺
392—394	白瓷片	——	各室			

编号	名称	大小（单位厘米）	出土地点	插图	图版	备注
南 I 395—397	青瓷片	——	各室			
398	粗瓷碗	——	前室			只存底部
399	粗瓷碗	——	后室			只存底部
400	瓷碗	高 5.4，口径 16.5	前室			残缺
401—420	釉陶碗	平均高 6，口径 18	墓顶封土内	62	49、50	
421	釉陶碗	——	前室			残缺

二　李璟陵出土的遗物

编号	名称	大小（单位厘米）	出土地点	插图	图版	备注
南 II　001	捧笏男俑	高 42	前室		84：1、2、3	
002—004	捧笏男俑	平均高 42	前室			残缺
005	捧笏男俑	残高 32	前室		84：4	
006	捧笏男俑	高 42	前室		84：5	
007	捧笏男俑	高 41	前室		84：6	
008	捧笏男俑	高 42	前室		85：2、3	
009	捧笏男俑	残高 25	前室			
010	捧笏男俑	高 42	前室		85：1	
011—018	残捧笏男俑	——	前室			
019	抱卷男俑	残高 20	后室		86	
020	持棒男俑	高 43	前室		87	
021	持剑男俑	残高 31	前室		88	
022	持盾男俑	高 47	后室	105	89	圭形盾
023	持盾男俑	高 47	后室		90	圆形盾
024	持物男俑	高 40	前室		91：1、2、3	
025	持物男俑	高 42	前室		91：4、5、6	
026—030	残持物男俑	——	前室			
031	持物男俑	残高 20	后室		92	戴风帽
032	残持物男俑	——	后室			戴风帽
033—037	男俑头	——	前室			
038—040	男俑残部	——	前室			

编号	名称	大小（单位厘米）	出土地点	插图	图版	备注
南 II 041	拱立女俑	残高 39	中室		93:1、2、3	
042	拱立女俑	残高 30	中室			
043	拱立女俑	残高 31	中室		98:4、5、6	梳双髻
044	拱立女俑	残高 18	前室		94:1、2、3	
045	拱立女俑残部	——	中室			
046	拱立女俑残部	——	中室			
047	持物女俑	高 57	中室	108	95:2	
048	持物女俑	残高 43	中室			
049	持物女俑	高 58	中室		94:4、5、6	
050	持物女俑	高 59	中室		95:3	
051	持物女俑	残高 45	中室		95:1	
052—057	残持物女俑	——	中室			
058—060	残持物女俑	——	后室			
061	持物女俑残部	——	中室			
062	持物女俑残部	——	中室			
063	女俑头	——	中室			
064	女俑头	——	中室			
065—074	男女俑残部	——	各室			
075	陶狮	高 25.5	前室		103	
076	陶狮	高 22	前室		104	
077	狮类兽	高 22.5	前室		105	
078	陶狗	高 10, 长 20	前室		102:2	
079	陶鸡	高 13, 长 17	前室		102:1	
080	陶蛙	高 8, 长 18	前室		102:3、4	
081	陶人首鱼身俑	高 15, 长 35	前室		108:1、2	
082	陶人首鱼身俑	高 16, 长 34	前室			
083	陶人首鱼身俑	高 10, 长 33	前室			残缺
084	陶人首鱼身俑	高 9.5, 长 24	前室		108:3	残缺
085	陶人首鱼身俑	——	前室		108:4	残缺
086—090	残陶人首鱼身俑	——	前室			
091	陶人首鱼身俑残部	——	前室			
092	残陶人首蛇身俑	——	前室			
093	残陶人首蛇身俑	——	前室			
094	陶人首龙身俑	高 25, 长 24	前室		109:1、2	

编号	名称	大小（单位厘米）	出土地点	插图	图版	备注
南II 095	陶人首龙身俑	残长 28	前室		109:3、4	
096—140	陶座	平均 21×16×9	各室	110		
141	铜钱		墓门前		117:6	"开元"钱
142—144	铁钉	——	各室			锈蚀
145—148	铁块	——	各室			
149	玉饰片	长 9.5	前室	113	116:5	
150—189	玉哀册片	平均宽 2.8,厚 1	后室		115:4、5、134、135	内两片略大
190	骨珠	长 1.5	前室		116:6	
191	带嘴陶罐	——	前室			残缺
192	带嘴陶罐	——	后室	63		残缺
193	带嘴陶罐	口径 7.7	前室			残缺
194	残陶盆	——	前室			
195—196	小底陶器		中室			只存底部
197	陶器残片	——	前室			
198	陶器残片	——	后室			
199	白瓷碗	高 5.8,口径 16.9	前室	66	51:1	葵瓣口
200	白瓷碗	高 5.8,口径 15.6	前室	67	51:2	葵瓣口
201	小瓷碗	高 4,口径 12.5	前室	68		
202—204	白瓷片	——	前、中室			内二片出在中室门洞下
205	青瓷碗	高 7.5,口径 17.5	前室	72	51:6	
206	小瓷碗	高 4.6,口径 10.4	中室	69	51:3	
207	粗瓷碗	高 6,口径 18.7	中室	70	51:4	
208	粗瓷碗	高 6,口径 18.7	中室			
209	粗瓷碗	高 5.6,口径 17.5	前室	71	51:5	
210	粗瓷碗	高 5.3,口径 16.4	后室			
211	残粗瓷碗	——	前室			只存底部
212	残粗瓷碗	——	后室			只存底部
213—216	残粗瓷碗	——	前室			只存底部
217	残粗瓷碗	——	墓门外			只存底部
218	粗瓷碗	高 6.7,口径 17.6	中室			
219	粗瓷碗	——	中室			只存底部
220	粗瓷碗	——	中室			只存底部

附录二　南唐大事年表

公元	旧纪年	大事记
875	唐乾符二年	黄巢领导农民大起义。
892	唐景福元年	唐命杨行密为淮南节度使。
902	唐天复二年	唐封杨行密为吴王。
907	唐天祐四年	唐王朝亡,朱全忠自立为皇帝,建都汴(开封),国号梁。
919	吴武义元年	杨行密的儿子杨隆演建吴国
937	南唐昇元元年	李昇(当时名徐知诰)夺取了杨吴的帝位,建都金陵(南京)。 李煜生。
938	昇元二年	作浑天仪。 和高丽、契丹、新罗通使。 广济仓大货,二十万石米被焚。
939	昇元三年	李昇复姓改名,国号唐。 奖励人民种桑垦田,种桑三千株和垦田八十亩以上的,除赐钱帛外,还允许五年不交租税。在金陵南郊筑行宫千间,并在玄武湖的西边筑北郊。
940	昇元四年	李昇下令免除国内营造力役,以促进农业生产。
941	昇元五年	黄州(在安徽境)发生旱灾,李昇派人去赈恤。
942	昇元六年	金陵大水,秦淮河水涨成灾; 东都(扬州)大火,民居数千家被焚; 常州、宣州、歙州也发生水灾; 淮北闹蝗灾,李昇下令捕蝗埋掉。
943	昇元七年	二月,李昇死,葬永陵(钦陵),庙号烈祖。
	保大元年	李璟继位做皇帝。派兵往虔州(在江西境内),镇压岭南的农民暴动。
944	保大二年	和闽国作战。
945	保大三年	闽国为南唐所灭。 十月,李昇的妻子宋氏死。
946	保大四年	祔葬宋氏於永陵。 淮南发生虫灾,李璟下令免除租税。
947	保大五年	准备进军中原。
949	保大七年	淮北农民暴动,李璟派人招降。
950	保大八年	和楚国作战。

公元	旧纪年	大事记
951	南唐保大九年	楚国为南唐所灭。
952	保大十年	和后周作战,南唐战败。
		南唐境内大旱。
953	保大十一年	金陵大火一个多月,民居数千家被焚。
		淮河流域发生旱灾和蝗灾,李璟下令兴修水利。
954	保大十二年	南唐境内大饥疫,李璟下令赈恤。
955	保大十三年	后周派兵攻寿州。
956	保大十四年	后周柴荣攻南唐、占滁州、扬州、泰州、和州、光州、舒州、蕲州。
		吴越侵常州、宣州。
957	保大十五年	后周军再败南唐,占寿州。
		金陵大火。
958	中兴元年 交泰元年	后周占海州、静海军、楚州和雄州。
	后周显德五年	李璟向后周奉表称臣,去帝号,称国主,以长江为界。
959	后周显德六年	李璟铸"永通泉货"大钱和"唐国通宝"钱。
960	宋建隆元年	赵匡胤夺取后周帝位,改国号为宋。
		南唐铸铁钱。
961	宋建隆二年	李璟迁都到江西南昌,同年六月死。
962	宋建隆三年	李煜继位,葬李璟于顺陵,庙号元宗。
964	宋乾德二年	南唐行铁钱。
		李煜的妻子周氏死。
965	宋乾德三年	李璟的妻子钟氏死,祔葬顺陵。
		葬周氏于懿陵。
968	宋开宝元年	南唐境内发生旱灾。
974	宋开宝七年	赵匡胤派兵攻南唐。
975	宋开宝八年	宋并攻破金陵,李煜投降,南唐亡。
976	宋开宝九年	正月,李煜被俘到汴京,封违命侯。
	宋太平兴国元年	十二月,改封为陇西公。
978	宋太平兴国三年	李煜死于汴京,葬洛阳北邙山。

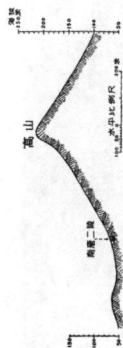

1. 二陵所在的高山的断面

2. 二陵所在的山麓的东西断面

3. 李昇陵所在的山麓的南北断面

4. 李璟陵所在的山麓的南北断面

南唐二陵所在的高山和祖堂山全景

1. 南唐二陵所在的高山全景（x1. 李昪陵　x2. 李璟陵）

2. 李昪陵的东侧面和王家坟村全景

1. 从高山顶上俯瞰南唐二陵（x1. 李昪陵　x2. 李璟陵）

2. 从高山顶上望牛首山

1. 发掘前的李昪陵

2. 发掘时在李昪陵墓门外所掘的探沟

3. 李昪陵前室西侧室室顶西南角盗掘洞封闭后的情况

4. 李昪陵前室西侧室室顶西南角盗掘洞打开后的情况

1. 李昪陵墓门外探沟内最早露出的石板

2. 李昪陵墓门外探沟内露出的青石板和黄石块

3. 李昪陵墓门外探沟内露出的大石条

4. 工人们利用"滚筒"移去大石条

1. 李昇陵墓门外探沟内的记录和
绘图工作

2. 李昇陵墓门和两侧的挡土墙露
出来了

3. 李昇陵前室室顶西南角
的盗掘洞

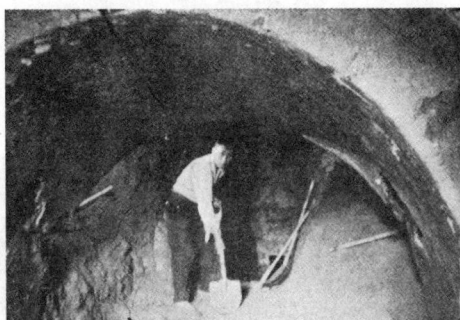

4. 清理李昇陵中室的淤土

1. 李昇陵中室室顶的盗掘洞

2. 李昇陵中室北壁的盗掘洞

3. 李昇陵后室被打开的石门——靠西的门扉

4. 李昇陵后室被打开的石门——靠东的门扉

1. 李昇陵后室室顶的巨石条(已断裂,木撑是后加的)

2. 李昇陵后室北壁上部的破坏洞

3. 李昇陵后室北壁棺床后大壁龛的被破坏部分

4. 李昇陵后室被破坏的棺床

1. 李昇陵后室西壁靠北小
龛内残留的陶俑下部

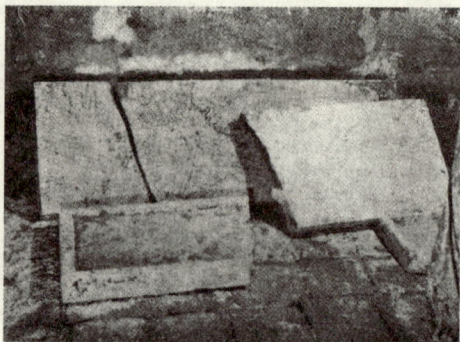

2. 李昇陵后室东面偏南侧室内被打破的
石函

3. 李昇陵后室东面中间侧室内被破
坏的地面

4. 李昇陵后室东面偏北侧室内被
破坏的砖台

1. 李璟陵墓门外的探沟

2. 李璟陵墓门外探沟内的记录和绘图工作

3. 李璟陵墓门外的封石

4. 李璟陵墓门的封砌情形

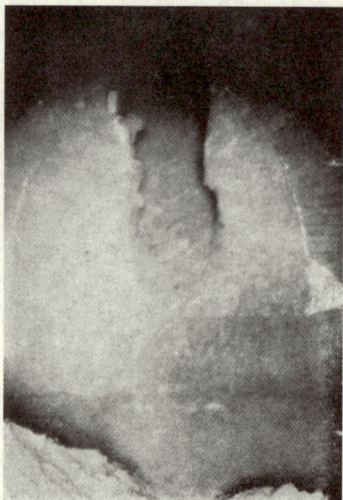

1. 李璟陵中室被淤土填塞情况

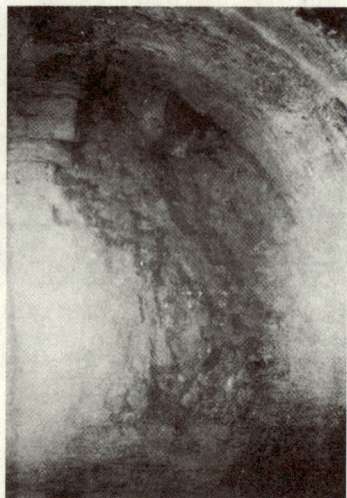

2. 李璟陵后室北壁大壁龛的被破坏情形

3. 李璟陵后室北壁的被破坏情形

4. 李璟陵后室北壁偏东的小龛

1. 李昇陵墓门外探沟内的黄石块

2. 李昇陵墓门外封门的巨大石条
（第一层和第二层）

3. 李昇陵墓门外第三层大石条和
黄石块

4. 李昇陵墓门外第三层大石条和
青石板

1. 李昪陵墓门外第四层大石条和黄石块

2. 李昪陵墓门外第五层大石条和小青石板

3. 李昪陵墓门前的砖地和两侧的挡土墙

4. 李昪陵墓门上的补间铺作

5. 李昪陵墓门西上侧的转角铺作

6. 李昪陵墓门东上侧的转角铺作

1. 李昇陵前室东壁

2. 李昇陵前室西壁

3. 李昇陵前室北壁

4. 李昇陵前室西北角

1. 李昪陵前室的补间铺作

2. 李昪陵前室的转角铺作

3. 李昪陵前室东侧室的门洞

4. 李昪陵前室东侧室的砖台

1. 李昇陵前室东南角柱、枋、斗栱
上的彩画

2. 李昇陵前室东壁偏北的柱、枋、
斗栱上的彩画

3. 李昇陵前室西壁偏北的柱、枋、
斗栱上的彩画

4. 李昇陵前室东壁偏北的立枋上
的彩画(局部)

1.李昇陵前室北壁偏西阑额上的彩画(局部)

2.李昇陵前室西壁偏北八角形倚柱上的彩画(局部)

1. 李昪陵前室东壁柱头枋上的彩画(局部)

2. 李昪陵前室东壁阑额与补间铺作上的彩画

1. 李昪陵前室西北角转角铺作上的彩画

2. 李昪陵前室南壁柱头铺作上的彩画

1. 李昪陵前室室顶正中

2. 李昪陵前室室顶北部

3. 李昪陵前室室顶东南角

4. 李昪陵前室室顶西南角

5. 李昪陵前室室顶西北角

6. 李昪陵前室室顶东北角

1. 李昇陵墓门门洞东壁的穴

2. 李昇陵墓门门洞西壁的穴

3. 李昇陵前室东侧室的室顶(局部)

4. 李昇陵前室的地面

1. 李昪陵中室东壁

2. 李昪陵中室东北角

3. 李昪陵中室东南角

1. 李昪陵中室西壁

2. 李昪陵中室西南角

3. 李昪陵中室西北角

1. 李昪陵中室北壁

2. 李昪陵中室西侧室

3. 李昪陵中室东侧室内的砖台

1. 李昇陵中室门洞东壁的穴

2. 李昇陵中室门洞西壁的穴

3. 李昇陵中室的室顶

4. 李昇陵中室的地面

1. 李昪陵中室北壁西侧的浮雕武士像

2. 李昪陵中室北壁东侧的浮雕武士像

1. 李昪陵后室东壁

2. 李昪陵后室东北角

3. 李昪陵后室东南角

1.李昇陵后室西壁

2.李昇陵后室西南角

3.李昇陵后室西北角

1. 李昇陵后室东面偏北侧室

2. 李昇陵后室东面中间侧室

3. 李昇陵后室东面偏南侧室

4. 李昇陵后室西面偏南侧室

5. 李昇陵后室西面中间侧室

6. 李昇陵后室西面偏北侧室

1. 李昇陵后室石门和门上的小龛

2. 李昇陵后室北壁的壁龛和棺床

3. 李昇陵后室的柱头铺作

4. 李昇陵后室的转角铺作

1. 李昇陵后室室顶的叠涩和天象图（西面局部）

2. 李昇陵后室室顶的叠涩和天象图（东面局部）

3. 李昇陵后室地面上所凿的河流曲折之状（西面局部）

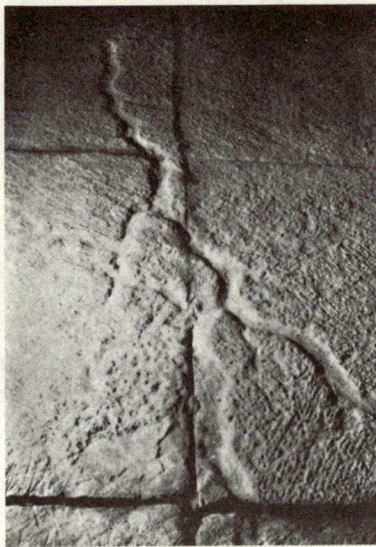

4. 李昇陵后室地面上所凿的河流曲折之状（东面局部）

1. 李昪陵中室室顶东部的外部构造

2. 李昪陵中室东侧室室顶的外部构造

3. 李昪陵中室室顶上封土中的覆碗层之一

4. 李昪陵中室室顶上封土中的覆碗层之二

1. 李昇陵后室室顶东部的外部构造（局部）

2. 李昇陵后室东面侧室室顶的外部构造（局部）

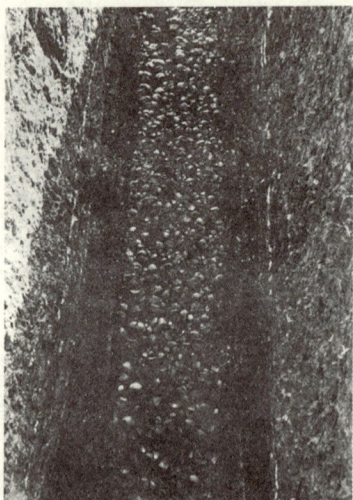

3. 李昇陵后室室顶上封土中的覆碗层之一

4. 李昇陵后室室顶上封土中的覆碗层之二

1. 李昪陵建筑用的楔形砖

2. 李昪陵建筑用的长方形薄砖

3. 李昪陵建筑用的长方形厚砖(侧面)

4. 李昪陵建筑用的长方形厚砖(横断面)

1. 李璟陵墓门上的封石和墓门外的石块

2. 李璟陵墓门外的大小石块

3. 李璟陵墓门外的第一层青石板

4. 李璟陵墓门外的第二层青石板

1. 李璟陵墓门外的石墙

2. 李璟陵墓门外的第三层青石板

3. 李璟陵墓门外的第三层青石板
（俯视）

4. 李璟陵墓门的封石

1. 李璟陵墓门及其封砖

2. 李璟陵清理后的墓门

2. 李璟陵墓门门洞西壁的穴

2. 李璟陵墓门门洞东壁的穴

1. 从李璟陵前室西侧室看前室
东壁

2. 李璟陵前室东壁（局部）

3. 从李璟陵前室东侧室看前室西壁

3. 李璟陵前室西壁（局部）

1. 从李璟陵墓门看前室

2. 从李璟陵前室看中室和后室

3. 李璟陵前室室顶

4. 李璟陵前室西侧室的砖台

1. 从李璟陵前室看中室东壁

2. 李璟陵中室东壁(局部)

3. 从李璟陵前室看中室西壁

4. 李璟陵中室西壁(局部)

5. 李璟陵中室室顶

6. 李璟陵中室西侧室的砖台

1. 李璟陵后室室顶

2. 李璟陵后室的石棺床及地面

3. 李璟陵后室东壁北部

4. 李璟陵后室东壁局部及侧室

5. 李璟陵后室西壁南部

6. 李璟陵后室西壁局部及侧室

1.李璟陵墓门上的补间铺作

2.李璟陵前室东南角的柱头铺作和转角铺作

3.李璟陵后室西南角的三种铺作

4.李璟陵后室东壁的补间铺作

1. 李璟陵建筑用的长方形厚砖

2. 李璟陵建筑用的楔形砖

3. 李璟陵出土的带文字的砖——"千(？)秋"二字

4. 李璟陵出土的带文字的砖——"万(？)岁"二字

5. 李璟陵出土的带文字的砖——"池腾"二字

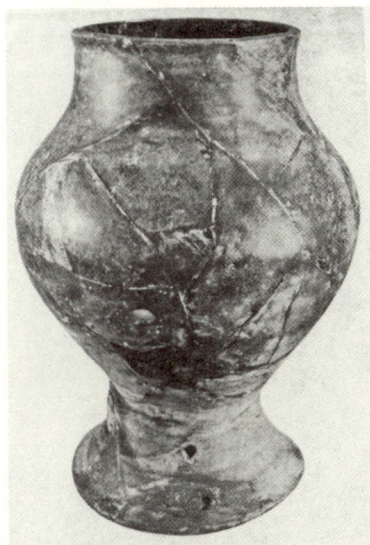

1. 李昪陵出土的尊式陶罐之一

2. 李昪陵出土的尊式陶罐之二

3. 李昪陵出土的尊式陶罐残底上的文字——"高信"二字

4. 尊式陶罐残底上的文字拓片

1. 李昪陵出土的四耳带釉陶罐

2. 李昪陵出土的棕色釉带嘴陶器

3. 李昪陵出土的棕色釉带嘴陶器把上模印的文字——"大吉利"三字

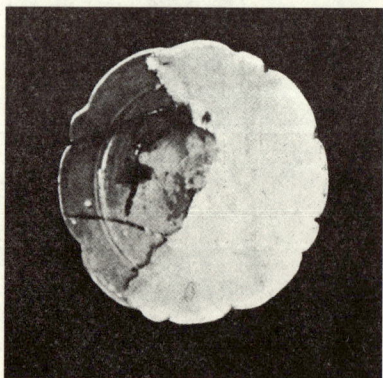

4. 李昪陵出土的小瓷碟之一

5. 李昪陵出土的小瓷碟之二

1. 李昪陵出土的叠烧
的釉陶碗残底

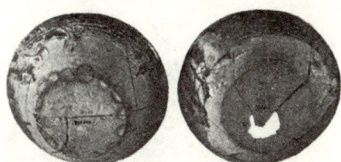

2. 李昪陵出土的平底釉陶碗之一

3. 李昪陵出土的平底釉陶碗之二

4. 李昪陵出土的平底釉陶碗之二(俯视)

5. 李昪陵出土的平底釉陶碗之三

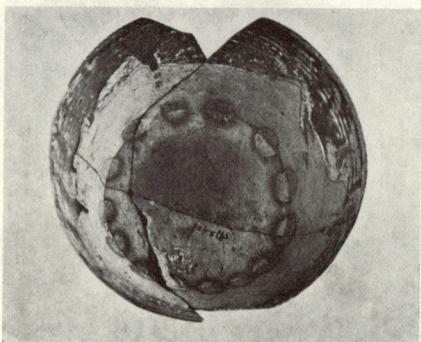

1. 李昪陵出土的平底釉陶碗底部(带托珠的痕迹)

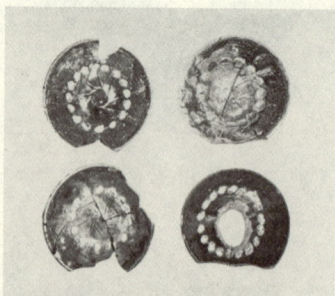

2. 李昪陵出土的平底釉陶碗内的托珠

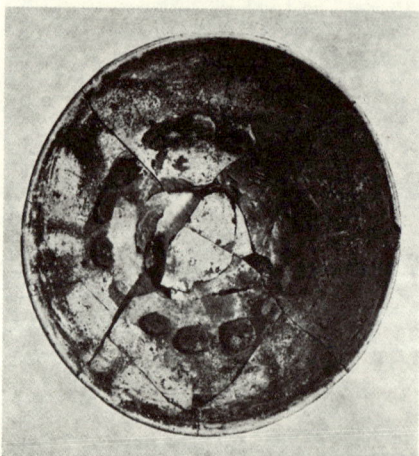

3. 李昪陵出土的平底釉陶碗内的托珠

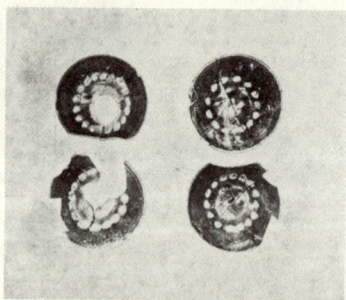

4. 李昪陵出土的平底釉陶碗内的托珠

1. 李璟陵出土的葵瓣口瓷碗之一

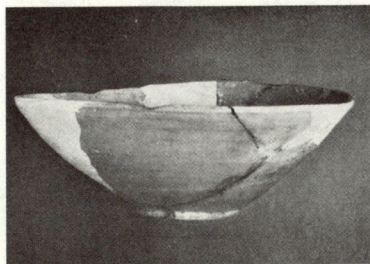

2. 李璟陵出土的葵瓣口瓷碗之二

3. 李璟陵出土的小瓷碗

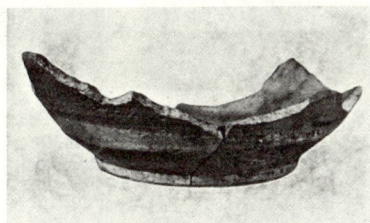

4. 李璟陵出土的青灰色釉瓷碗

5. 李璟陵出土的粉底瓷碗

6. 李璟陵出土的青瓷碗

1. 李昪陵出土的拱立
男俑

2. 李昪陵出土的拱立
男俑侧面

3. 李昪陵出土的拱立
男俑背面

4. 李昪陵出土的捧兽
男俑

5. 李昪陵出土的捧兽
男俑侧面

6. 李昪陵出土的捧兽
男俑背面

1. 李昪陵出土的拱
立男俑

2. 李昪陵出土的拱
立男俑

3. 李昪陵出土的持
剑男俑

4. 李昪陵出土的抱
卷男俑

5. 李昪陵出土的抱
卷男俑背面

6. 李昪陵出土的披
甲持剑男俑残部

1. 李昪陵出土的持圭形
盾武士俑

2. 李昪陵出土的持圭
形盾武士俑侧面

2. 李昪陵出土的持圭
形盾武士俑背面

3. 李昪陵出土的持圆
形盾武士俑背面

2. 李昪陵出土的持圆
形盾武士俑侧面

1. 李昪陵出土的持圆形
盾武士俑

1. 李昪陵出土的作持
物状男俑

2. 李昪陵出土的作持
物状男俑侧面

3. 李昪陵出土的作
持物状男俑背面

4. 李昪陵出土的作持
物状男俑

5. 李昪陵出土的作持
物状男俑侧面

6. 李昪陵出土的作
持物状男俑背面

1. 李昇陵出土的作持
物状男俑

2. 李昇陵出土的作持
物状男俑

3. 李昇陵出土的作持
物状男俑

4. 李昇陵出土的作持
物状男俑

5. 李昇陵出土的作持
物状男俑侧面

6. 李昇陵出土的作持
物状男俑背面

1. 李昪陵出土的持物
男俑

2. 李昪陵出土的持物
男俑侧面

3. 李昪陵出土的持物
男俑背面

4. 李昪陵出土的持物
男俑

5. 李昪陵出土的持
物男俑侧面

6. 李昪陵出土的持物
男俑背面

1. 李昪陵出土的持物男俑之一

2. 李昪陵出土的持物男俑之二

3. 李昪陵出土的持物男俑之三

4. 李昪陵出土的持物男俑之四

1. 李昪陵出土的戴"王"字帽男俑

2. 李昪陵出土的戴"王"字帽男俑侧面

3. 李昪陵出土的戴"王"字帽男俑背面

4. 李昪陵出土的戴莲瓣状帽男俑

5. 李昪陵出土的戴莲瓣状帽男俑侧面

6. 李昪陵出土的戴莲瓣状帽男俑背面(下部修补)

232

1. 李昪陵出土的戴风帽男俑

2. 李昪陵出土的戴风帽男俑侧面

3. 李昪陵出土的戴风帽男俑背面

4. 李昪陵出土的戴冑形帽男俑

5. 李昪陵出土的戴冑形帽男俑侧面

6. 李昪陵出土的戴冑形帽男俑背面

1. 李昇陵出土的男
伶人俑

2. 李昇陵出土的男伶
人俑侧面

3. 李昇陵出土的男
伶人俑背面

4. 李昇陵出土的男伶
人俑

5. 李昇陵出土的男伶
人俑侧面

6. 李昇陵出土的男
伶人俑背面

1. 李昪陵出土的男伶人俑(足残) 　 2. 李昪陵出土的男伶人俑(足残)

3. 李昪陵出土的男伶人俑 　 4. 李昪陵出土的男伶人俑

1. 李昪陵出土的男舞蹈俑之一　　2. 李昪陵出土的男舞蹈俑之二

1. 李昪陵出土的男舞
蹈俑之一（右侧面）

2. 李昪陵出土的男舞
蹈俑之一（背面）

3. 李昪陵出土的男舞
蹈俑之二（左侧面）

4. 李昪陵出土的男舞
蹈俑之三

5. 李昪陵出土的男舞
蹈俑之三（侧面）

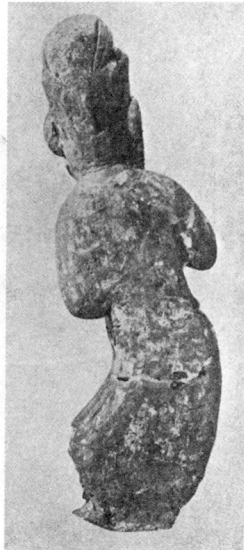

6. 李昪陵出土的男舞
蹈俑之三（背面）

1. 李昇陵出土的大型拱立女俑

2. 李昇陵出土的大型拱立女俑

3. 李昇陵出土的大型拱立女俑

4. 李昇陵出土的大型拱立女俑

1. 李昇陵出土的大型
拱立女俑

2. 李昇陵出土的大型
拱立女俑

3. 李昇陵出土的大型
拱立女俑

4. 李昇陵出土的大型
拱立女俑

1. 李昪陵出土的大型
拱立女俑

2. 李昪陵出土的大型
拱立女俑侧面

3. 李昪陵出土的大型
拱立女俑背面

4. 李昪陵出土的大型
拱立女俑

5. 李昪陵出土的大型
拱立女俑

6. 李昪陵出土的大型
拱立女俑

1. 李昪陵出土的大型拱立女俑

2. 李昪陵出土的大型拱立女俑

3. 李昪陵出土的大型拱立女俑

4. 李昪陵出土的大型拱立女俑

1. 李昪陵出土的中型
拱立女俑

2. 李昪陵出土的中型
拱立女俑侧面

3. 李昪陵出土的中
型拱立女俑背面

4. 李昪陵出土的中型拱
立女俑

5. 李昪陵出土的中型
拱立女俑侧面

6. 李昪陵出土的中型
拱立女俑背面

1. 李昪陵出土的中型
拱立女俑

2. 李昪陵出土的中型
拱立女俑侧面

3. 李昪陵出土的中
型拱立女俑背面

4. 李昪陵出土的中型
拱立女俑

5. 李昪陵出土的中型
拱立女俑侧面

6. 李昪陵出土的中型
拱立女俑背面

1. 李昇陵出土的中型拱立女俑

2. 李昇陵出土的中型拱立女俑

3. 李昇陵出土的中型拱立女俑

4. 李昇陵出土的梳双髻的拱立女俑

5. 李昇陵出土的梳双髻的拱立女俑侧面

6. 李昇陵出土的梳双髻的拱立女俑背面(底部修补)

1. 李昪陵出土的双手叠置胸前的持物女俑

2. 李昪陵出土的双手叠置胸前的持物女俑侧面

3. 李昪陵出土的双手叠置胸前的持物女俑背面

4. 李昪陵出土的双手叠置胸前的持物女俑

5. 李昪陵出土的双手叠置胸前的持物女俑侧面

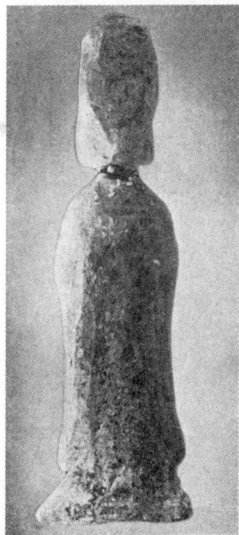

6. 李昪陵出土的双手叠置胸前的持物女俑背面

1. 李昪陵出土的双手
叠置胸前的持物女俑

2. 李昪陵出土的双手
叠置胸前的持物女俑

3. 李昪陵出土的双手
叠置胸前的持物女俑

4. 李昪陵出土的双手
分置胸前的持物女俑

5. 李昪陵出土的双
手分置胸前的持物女俑

6. 李昪陵出土的双
手分置胸前的持物女俑

1. 李昪陵出土的双手
分置胸前的持物女俑

2. 李昪陵出土的双手
分置胸前的持物女俑

3. 李昪陵出土的双手
分置胸前的持物女俑

4. 李昪陵出土的双手
分置胸前的持物女俑

5. 李昪陵出土的双手分
置胸前的持物女俑侧面

6. 李昪陵出土的双手分
置胸前的持物女俑背面

1. 李昇陵出土的双手
分置胸前的持物女俑

2. 李昇陵出土的双手
分置胸前的持物女俑

3. 李昇陵出土的双手
分置胸前的持物女俑

4. 李昇陵出土的双手
分置胸前的持物女俑

5. 李昇陵出土的双手分
置胸前的持物女俑侧面

6. 李昇陵出土的双手分
置胸前的持物女俑背面

1. 李昪陵出土的双手
分置胸前的持物女俑

2. 李昪陵出土的双手
分置胸前的持物女俑

3. 李昪陵出土的双手
分置胸前的持物女俑

4. 李昪陵出土的双手
分置胸前的持物女俑

5. 李昪陵出土的双手
分置胸前的持物女俑

6. 李昪陵出土的双手
分置胸前的持物女俑

1. 李昪陵出土的盛装
女俑之一（一脚修补）

2. 李昪陵出土的盛装
女俑之一（侧面）

3. 李昪陵出土的盛装
女俑之一（背面）

1. 李昇陵出土的盛装女俑之二

2. 李昇陵出土的盛装女俑
之二（侧面）

3. 李昇陵出土的盛装女俑
之二（背面）

1. 李昪陵出土的盛装女俑之三

2. 李昪陵出土的盛装女俑之三（侧面）

3. 李昪陵出土的盛装女俑之三（背面）

1. 李昇陵出土的女
舞蹈俑之一

2. 李昇陵出土的女舞
蹈俑之一（侧面）

3. 李昇陵出土的女舞
蹈俑之一（背面）

1. 李昇陵出土的女舞蹈俑之二　　　　2. 李昇陵出土的女舞蹈俑之三

1. 李昇陵出土的女舞
蹈俑之二（侧面）

2. 李昇陵出土的女舞
蹈俑之二（背面）

3. 李昇陵出土的女舞蹈俑
之三（侧面）

4. 李昇陵出土的女舞蹈俑
之三（背面）

1. 李璟陵出土的捧笏
男俑

2. 李璟陵出土的捧
笏男俑侧面

3. 李璟陵出土的捧笏
男俑背面

4. 李璟陵出土的捧
笏男俑(底部修补)

5. 李璟陵出土的捧
笏男俑(底部修补)

6. 李璟陵出土的捧
笏男俑

1. 李璟陵出土的捧笏
男俑(下部修补)

2. 李璟陵出土的捧
笏男俑

3. 李璟陵出土的捧
笏男俑侧面

1. 李璟陵出土的抱卷男俑

2. 李璟陵出土的抱卷男俑侧面

3. 李璟陵出土的抱卷男俑背面

1. 李璟陵出土的持棒男俑

2. 李璟陵出土的持棒男俑侧面

3. 李璟陵出土的持棒男俑背面

1.李璟陵出土的持剑
男俑

2.李璟陵出土的持
剑男俑侧面

3.李璟陵出土的持
剑男俑的又一侧面

1. 李璟陵出土的持圭形盾武士俑

2. 李璟陵出土的持圭形盾武士
俑背面

1.李璟陵出土的持圆
形盾武士俑

2.李璟陵出土的持圆
形盾武士俑侧面

3.李璟陵出土的持圆形
盾武士俑背面

1. 李璟陵出土的持
物男俑

2. 李璟陵出土的持
物男俑侧面

3. 李璟陵出土的持
物男俑背面

4. 李璟陵出土的持
物男俑

5. 李璟陵出土的持
物男俑侧面

6. 李璟陵出土的
持物男俑背面

1. 李璟陵出土的戴风
帽男俑

2. 李璟陵出土的戴风帽
男俑侧面

3. 李璟陵出土的戴风帽
男俑背面

1. 李璟陵出土的拱立女俑

2. 李璟陵出土的拱立女俑侧面

3. 李璟陵出土的拱立女俑背面

4. 李璟陵出土的梳双髻的拱立女俑(一髻缺)

5. 李璟陵出土的梳双髻的拱立女俑侧面

6. 李璟陵出土的梳双髻的拱立女俑背面

1. 李璟陵出土的残女俑上半身（座是现在加的）

2. 李璟陵出土的残女俑上半身侧面（座是现在加的）

3. 李璟陵出土的残女俑上半身背面（座是现在加的）

5. 李璟陵出土的持物女俑

5. 李璟陵出土的持物女俑侧面

6. 李璟陵出土的持物女俑背面

1. 李璟陵出土的持物女俑

2. 李璟陵出土的
持物女俑

3. 李璟陵出土的持
物女俑

1. 李昇陵出土男俑头部的空洞

2. 李昇陵出土的插在男俑颈部的
小陶杆

3. 李昇陵出土男俑颈部的空洞

4. 李昇陵出土男俑体内的空洞

5. 李昇陵出土男俑底部之一

6. 李昇陵出土男俑底部之二

7. 李璟陵出土男俑的底部

8. 李昇陵出土女俑底部之一

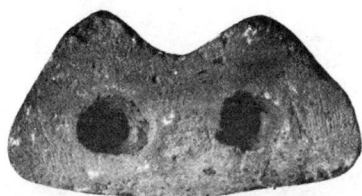

1. 李昇陵出土女俑底部之二

2. 李昇陵出土女俑底部之三

3. 李昇陵出土女俑的底部——刻有"左三"二字

4. 李昇陵出土女俑的底部——刻有"笔"字

5. 李昇陵出土女俑身部的画花痕迹

6. 李昇陵出土女俑的底部

1. 李昇陵出土的陶骆驼之一

2. 李昇陵出土的陶骆驼之一（侧面）

3. 李昇陵出土的陶骆驼之二（侧面）

4. 李昇陵出土的陶骆驼之二（又一侧面）

1. 李昇陵出土的陶骆驼之三

2. 李昇陵出土的陶骆驼之三(侧面)

3. 李昇陵出土的陶骆驼之四

4. 李昇陵出土的陶骆驼之四(侧面)

5. 李昇陵出土的陶马之一(侧面)

1. 李昪陵出土的陶马
之二

2. 李昪陵出土的陶马之二（侧面）

3. 李昪陵出土的陶马
之三

4. 李昪陵出土的陶马之三（侧面）

1. 李昪陵出土的陶
鸡正面

2. 李昪陵出土的陶鸡侧面

3. 李昪陵出土的陶蛙背面

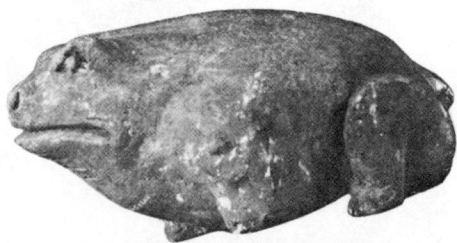

4. 李昪陵出土的陶蛙侧面

1. 李璟陵出土的陶鸡

2. 李璟陵出土的陶狗

3. 李璟陵出土的陶蛙正面　　4. 李璟陵出土的陶蛙侧面

1. 李璟陵出土的陶狮正面

2. 李璟陵出土的陶狮侧面

1. 李璟陵出土的陶狮侧面　　　　2. 李璟陵出土的陶狮正面

1. 李璟陵出土的陶狮类兽

2. 李璟陵出土的陶狮类兽侧面

2. 李璟陵出土的陶狮类兽的又一侧面

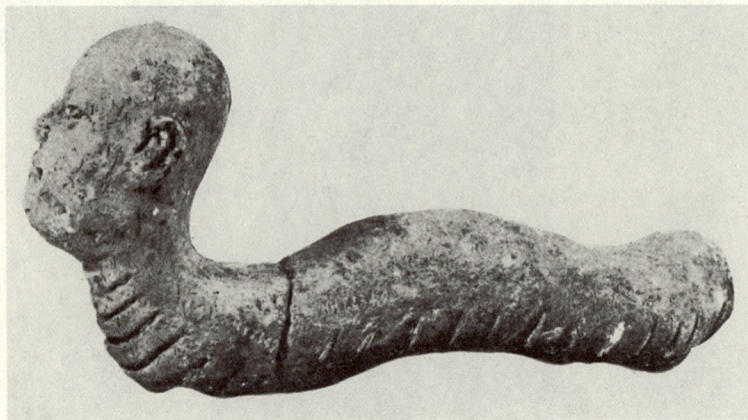

1. 李昇陵出土的陶人首蛇身俑(一端残)

2. 李昇陵出土的陶双人首蛇身俑

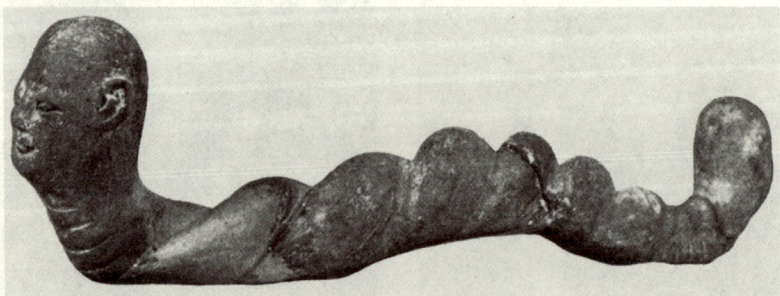

3. 李昇陵出土的陶双人首蛇身俑的另一面

1. 李昪陵出土的陶人
首鱼身俑之一（正面）

2. 李昪陵出土的陶人首鱼身俑之一（侧面）

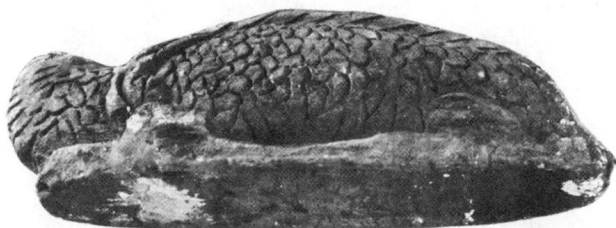

3. 李昪陵出土的陶人首鱼身俑之二（侧面，带座）

5. 李昪陵出土的陶双人首龙身俑侧面（中段修补）

4. 李昪陵出土的
陶双人首龙身俑
正面

2. 李璟陵出土的陶人首鱼身俑之一（侧面）

1. 李璟陵出土的陶人
首鱼身俑之一（正面）

3. 李璟陵出土的陶人首鱼身俑之二

4. 李璟陵出土的陶人首鱼身俑之三

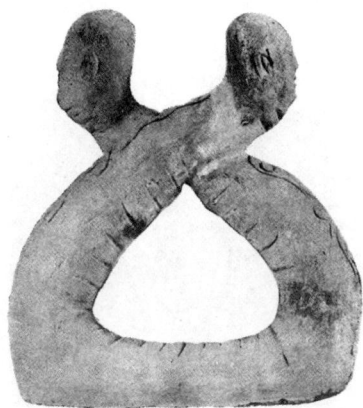

1. 李璟陵出土的陶双人首龙身俑侧面

2. 李璟陵出土的陶双人首龙身俑斜侧面

3. 李璟陵出土的陶人首龙身俑正面

4. 李璟陵出土的陶人首龙身俑侧面

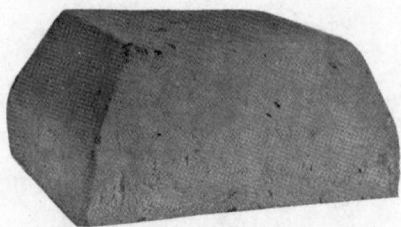

1. 李昪陵出土的窄面陶座

4. 李昪陵出土的陶鸡座

2. 李昪陵出土的宽面陶座

3. 李昪陵出土的阶状陶座

5. 李昪陵出土的陶兽座

1. 李昪陵陶俑和陶座的出土情况

2. 李璟陵陶俑、陶动物俑和陶座的出土情况

3. 李昪陵出土的石函之一

4. 李昪陵出土的石函之二

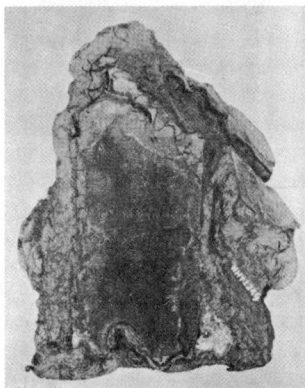

5. 李昪陵出土的粘有玉哀册的铁块

1. 李昪陵出土的玉哀册　　2. 李昪陵出土的玉哀册　　3. 李昪陵出土的玉哀册

4. 李昪陵出土的玉哀册　　5. 李昪陵出土的玉哀册　　6. 李昪陵出土的玉哀册

1. 李昪陵出土的玉哀册

2. 李昪陵出土的玉哀册

3. 李昪陵出土的玉哀册

4. 李昪陵出土的玉哀册

5. 李昪陵出土的玉哀册

6. 李昪陵出土的玉哀册

1. 李昇陵出土的玉哀册

2. 李昇陵出土的玉哀册

3. 李昇陵出土的玉哀册

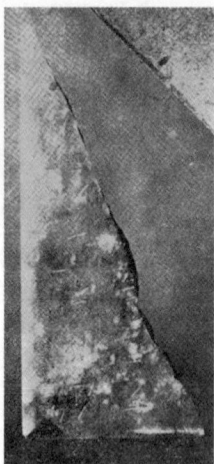

4. 李昇陵出土的玉哀册

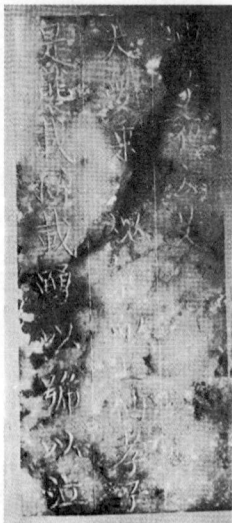

5. 李昇陵出土的玉哀册

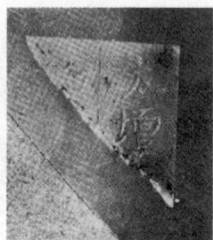

6. 李昇陵出土的玉哀册

1. 李昪陵出土的玉哀册

2. 李昪陵出土的玉哀册

3. 李昪陵出土的玉哀册

4. 李璟陵出土的石哀册

5. 李璟陵出土的石哀册

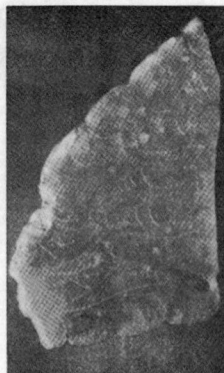

1. 李昪陵出土的玉饰片

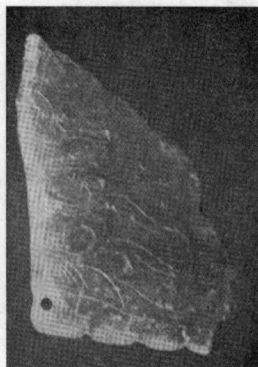

2. 李昪陵出土的玉饰片另一面

3. 李昪陵出土的玉饰片拓片

4. 李昪陵出土的玉饰片拓片的另一面

5. 李璟陵出土的玉饰片

6. 李璟陵出土的骨珠

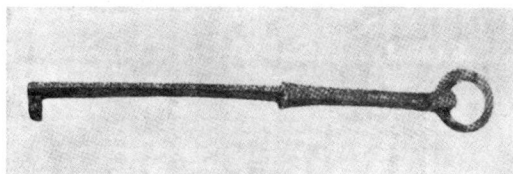

1. 李昪陵出土的铜钥匙

2. 李昪陵出土的鎏金铜饰件

3. 李昪陵出土的铜镜残片

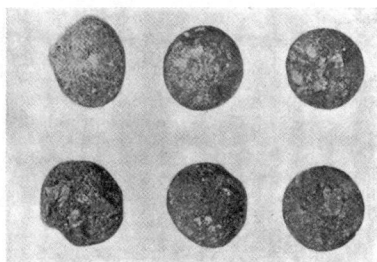

4. 李昪陵出土的铜钉帽

5. 李昪陵出土的大铜钉帽

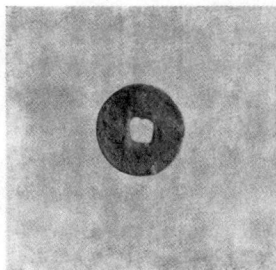

6. 李璟陵出土的铜钱——"开元通宝"钱

289

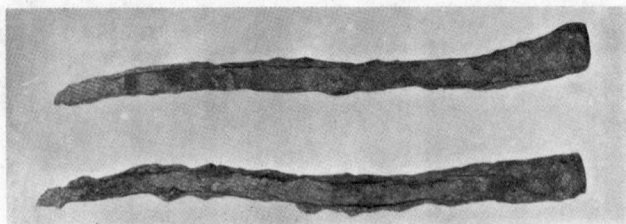

1. 李昪陵出土的大铁钉

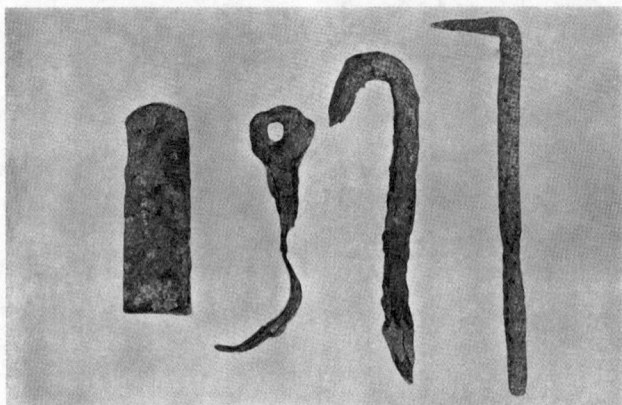

2. 李昪陵出土的铁片和各种铁钉

3. 李昪陵出土的漆皮

4. 李昪陵出土的朽木块

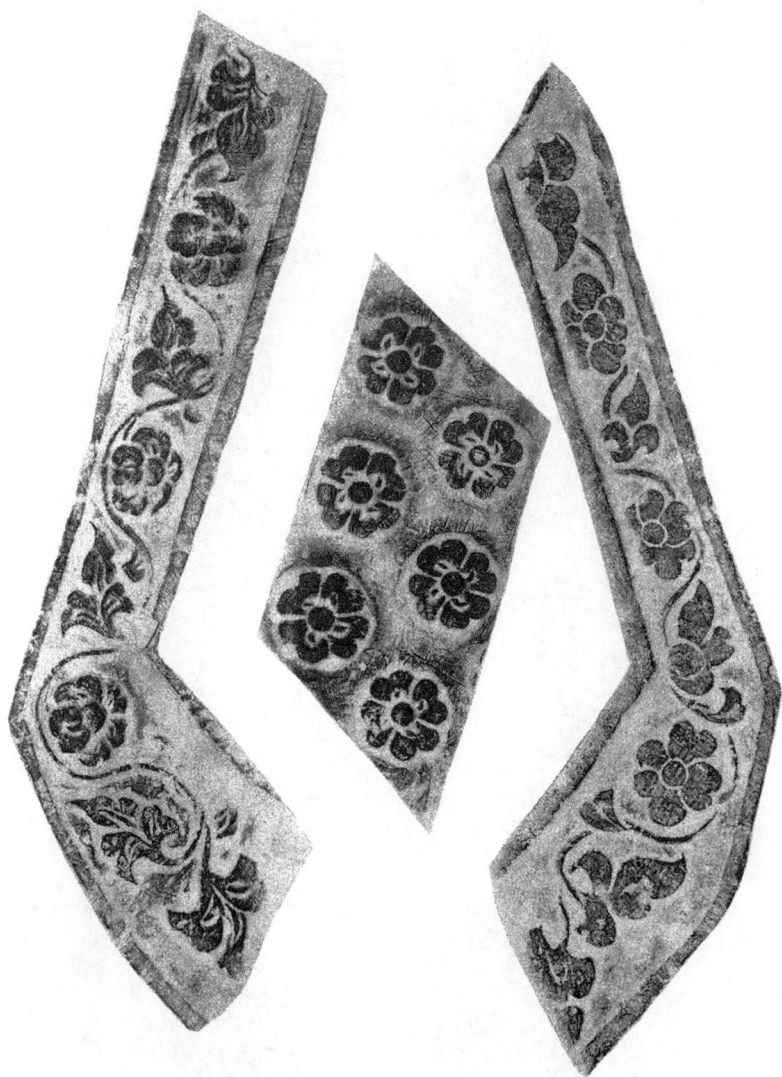

李昇陵中室北壁的浮雕武士像的细部花纹拓片

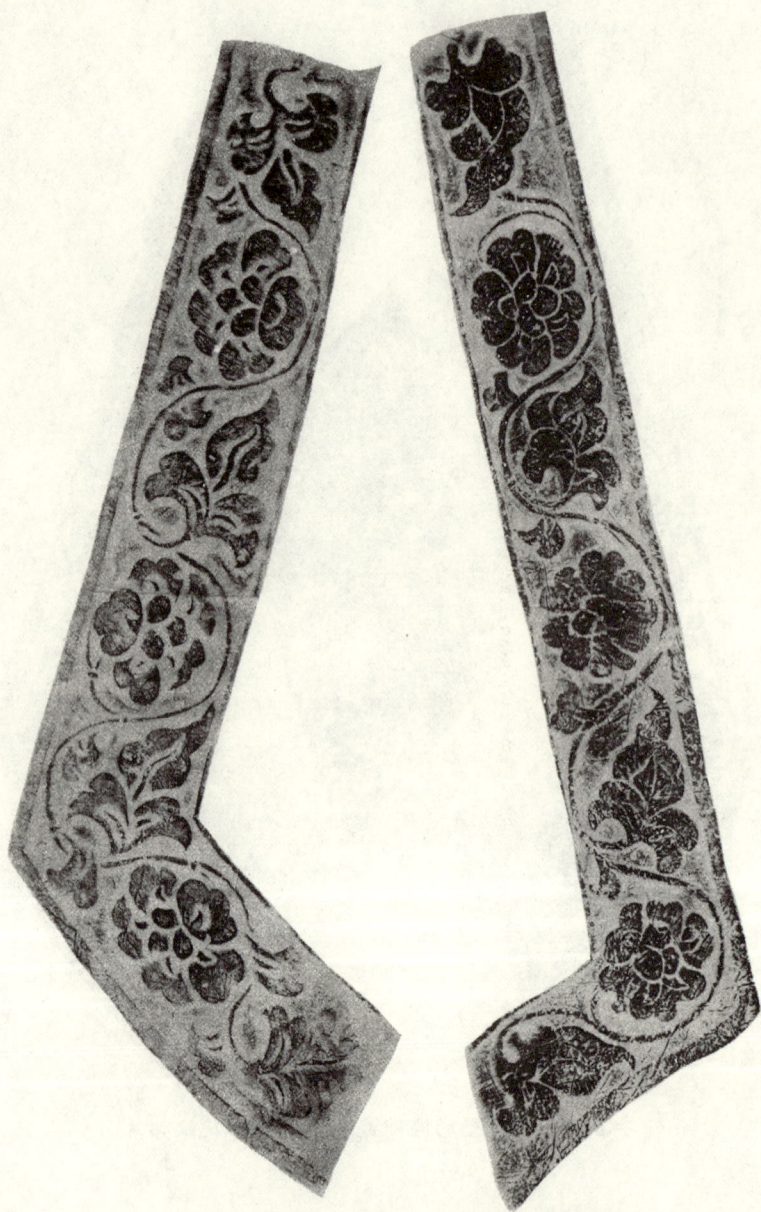

李昪陵中室北壁的浮雕武士像的细部花纹拓片

維保大元年歲次癸卯十
子嗣皇帝臣瑶伏以
高祖開基

文皇定業漬之
德澤薫以
聲教

上
三

上

2　　　　　　　　　　　　　　1

李昪陵出土的玉哀册拓片

2

1

李昇陵出土的玉哀册拓片

㠯逼暴斂之吏孝資於家者禄
日吳未暇食夜央不遑寐憂雫
機乞又克勤克儉弗伐弗矜和

上九

2

動不我始貌貅匝野以霧合縷
爵以貴綱羅俊彦散金以餌
明視雖蜀莞不弃旌迮辮之

八

1

李昇陵出土的玉哀册拓片

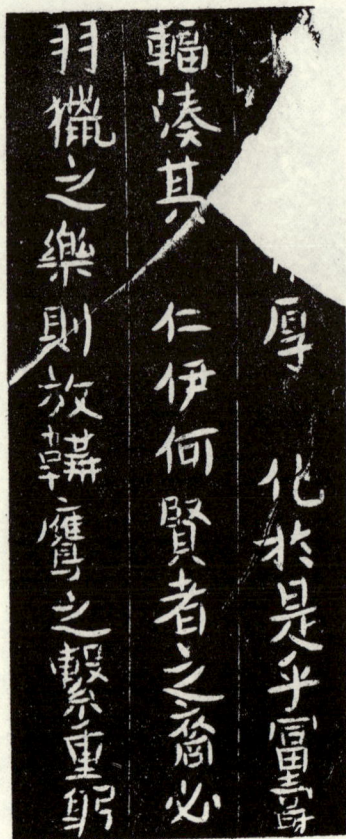

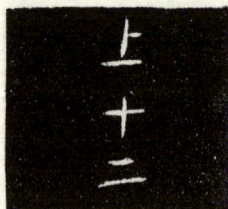

2

1

李昇陵出土的玉哀册拓片

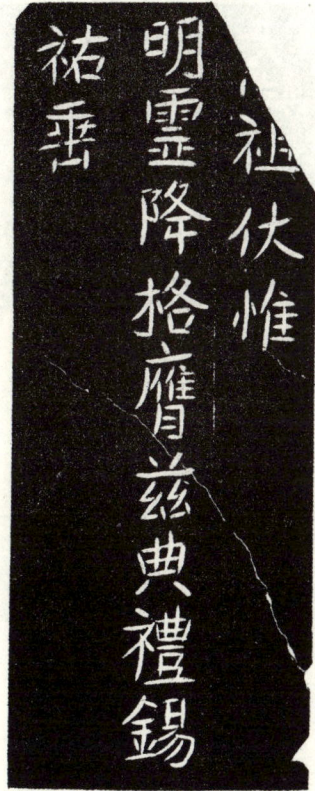

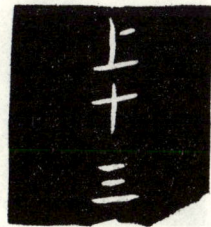

2　　　　　　　　　　　　　1

李昇陵出土的玉哀册拓片

图版 128

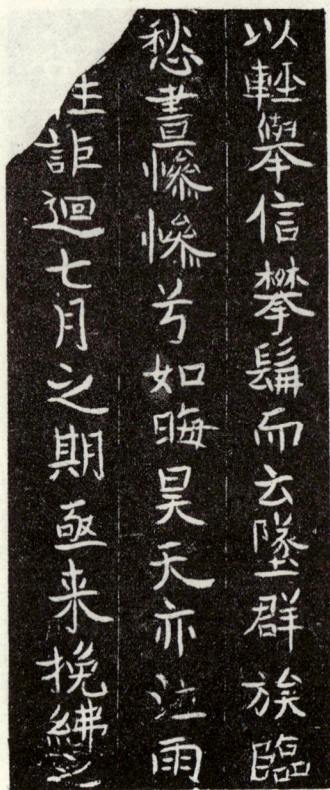

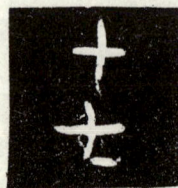

2　　　　　　　　　　　　　　1

李昇陵出土的玉哀册拓片

298

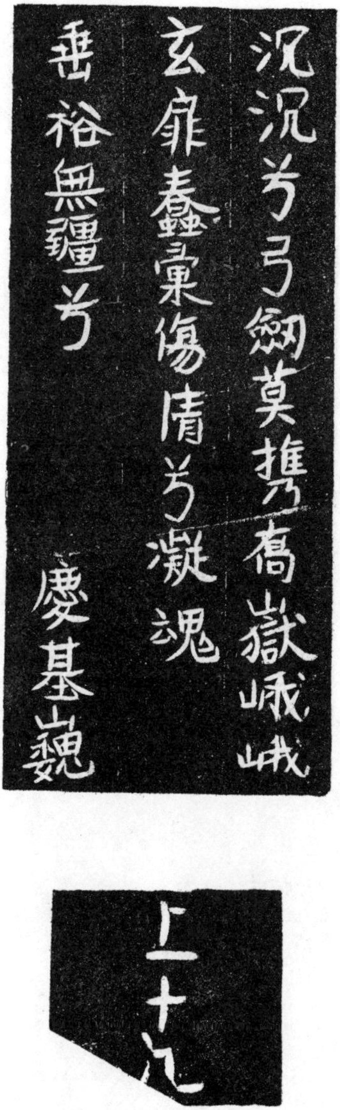

況況兮弓劔莫携髙嶽峨峨
玄扉蠢橐傷情兮凝魂
毖裕無疆兮
慶基山魏

誰復彩景既㱔
龍輴兮
野風蕭蕭兮自㫳

十九

2

六

1

李昇陵出土的玉哀册拓片

图版 130

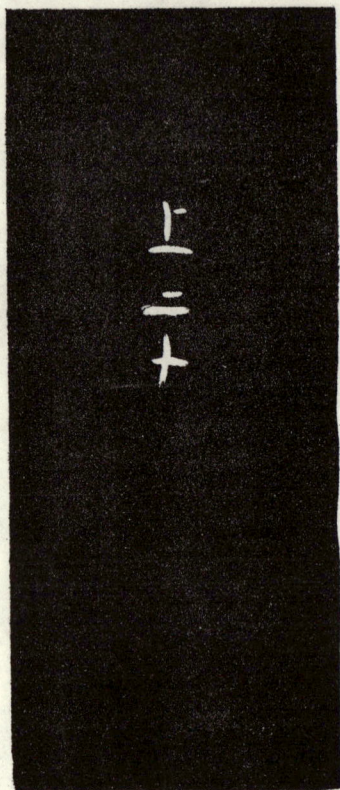

2

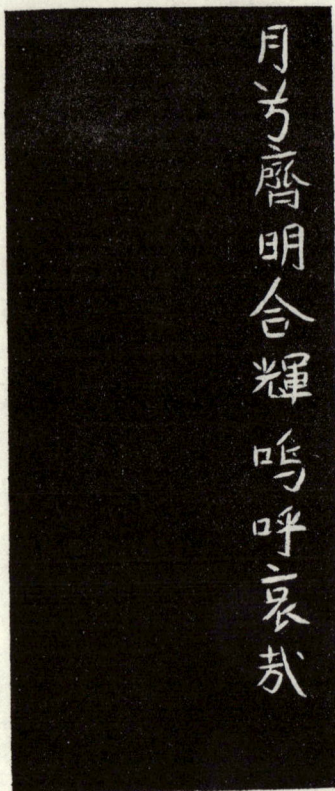

1

李昇陵出土的玉哀册拓片

300

連子夜玄芟

大夢乗 魂氣而上仙孝子

是襲載擗載蹝以蹄以泣

2

1

李昇陵出土的玉哀册拓片

李昪陵出土的玉哀册拓片

2

1

2   1

李昇陵出土的玉哀册拓片

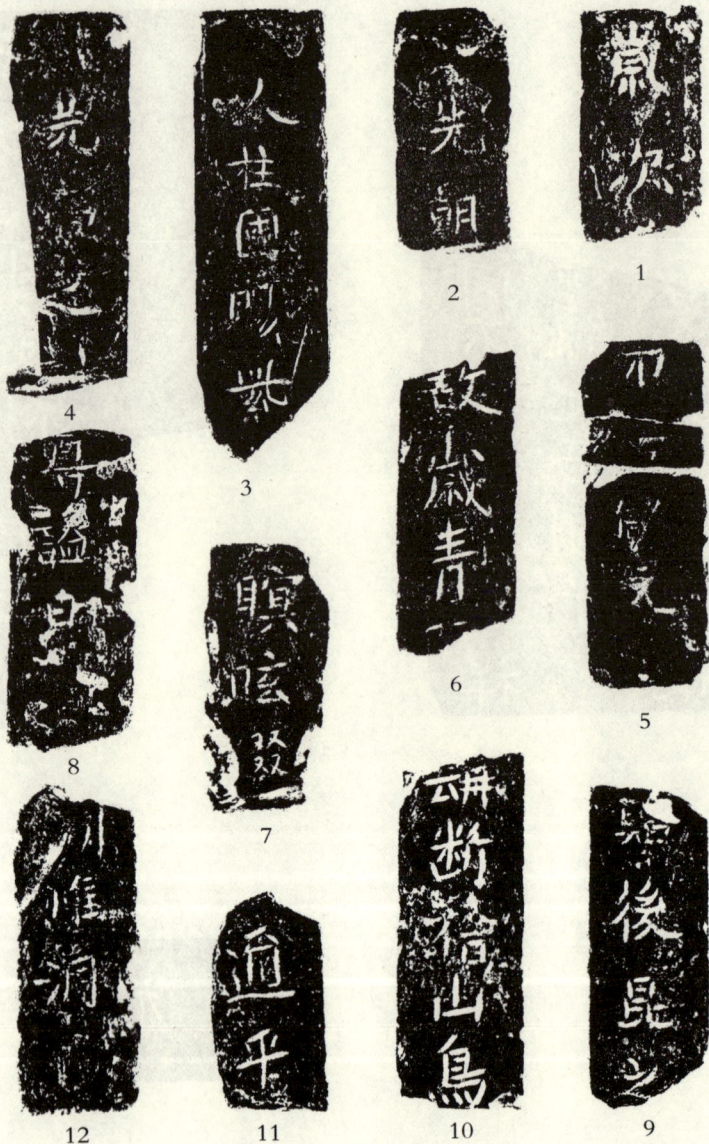

李璟陵出土的石哀册拓片

...

李璟陵出土的石哀册拓片

1. 李昪陵墓门柱头靠西的一段的彩画

2. 李昪陵墓门阑额东段的彩画

2. 李昪陵墓门靠东的转角铺作上的彩画　　1. 李昪陵墓门靠西的转角铺作上的彩画

图版 138

1.李昇陵前室东壁偏南的八角形倚柱上的彩画

2.李昇陵前室东南角的八角形转角倚柱上的彩画

1. 李昇陵前室东壁偏北的立枋上的彩画

2. 李昇陵前室南壁偏东的矩形倚柱上的彩画

图版 140

1. 李昪陵前室东壁偏北的八角形倚柱上的彩画

2. 李昪陵前室东北角的八角形转角倚柱上的彩画

310

1. 李昪陵前室西壁柱头枋偏北一段的彩画

2. 李昪陵后室东壁阑额靠北一段的彩画及轮廓线复原图

3. 李昪陵后室东壁偏北的柱头铺作上的彩画

1. 李昪陵后室东北角的八角形转角倚柱上的彩画

2. 李昪陵后室东北角的八角形转角倚柱上彩画的复原图

李昇陵后室室顶上的天象图

李璟陵墓门阑额偏东一段的彩画

《南京稀见文献丛刊》

已出书目

《南唐书》(两种) (宋)马令 (宋)陆游 定价:50.00元

《六朝事迹编类·六朝通鉴博议》 (宋)张敦颐 (宋)李焘 定价:32.00元

《景定建康志》 (宋)周应合 定价:201.00元

《金陵百咏·金陵杂兴·金陵杂咏·金陵百咏(外一种)》 (宋)曾极 (宋)苏泂 (清)王友亮 (清)汤濂 定价:38.00元

《洪武京城图志·金陵古今图考》 (明)礼部 (明)陈沂 定价:15.00元

《南京·南京》 (明)解缙 (民国)李邵青 定价:12.00元

《金陵梵刹志》 (明)葛寅亮 定价:138.00元

《金陵玄观志》 (明)葛寅亮 定价:22.00元

《金陵琐事·续金陵琐事·二续金陵琐事》 (明)周晖 定价: 47.00元

《客座赘语》 (明)顾起元 定价:42.00元

《后湖志》 (明)赵官 等 定价:60.00元

《金陵世纪·金陵选胜·金陵览古》 (明)孙应岳 (清)余宾硕 定价:44.00元

《献花岩志·牛首山志·栖霞小志·覆舟山小志》 (明)陈沂 (明)盛时泰 (民国)汪闾 定价:30.00元

《留都见闻录·金陵待征录》 (明)吴应箕 (清)金鳌 定价:24.00元

《板桥杂记·续板桥杂记·板桥杂记补》 (明末清初)余怀 (清)珠泉居士 (清末民初)金嗣芬 定价:25.00元

《建康古今记》 (清)顾炎武 定价:16.00元

《白下琐言》 (清)甘熙 定价:26.00元

《盋山志》 (清)顾云 定价:19.00元

《秣陵集》 (清)陈文述 定价:39.00元

《钟山书院志》（清）汤椿年　定价:30.00元

《随园食单·白门食谱·冶城蔬谱·续冶城蔬谱》（清）袁枚　（民国）张通之

　　（清末民初）龚乃保　（民国）王孝煃　定价:24.00元

《承恩寺缘起碑板录·律门祖庭汇志·扫叶楼集·金陵乌龙谭放生池古迹考》

　　（清）释鹰巢　（清末民初）释辅仁　（民国）潘宗鼎　（民国）检斋居士

　　定价:36.00元

《金陵杂志·金陵杂志续集》（清末民初）徐寿卿　定价:38.00元

《金陵琐志九种》（清末民初）陈作霖　（民国）陈诒绂　定价:90.00元

　　《运渎桥道小志》（清末民初）陈作霖

　　《凤麓小志》（清末民初）陈作霖

　　《东城志略》（清末民初）陈作霖

　　《金陵物产风土志》（清末民初）陈作霖

　　《南朝佛志寺》（清末民初）孙文川　陈作霖

　　《炳烛里谈》（清末民初）陈作霖

　　《钟南淮北区域志》（民国）陈诒绂

　　《石城山志》（民国）陈诒绂

《金陵园墅志》（民国）陈诒绂

《南京愚园文献十一种》（清）胡恩燮(民国)胡光国 等　定价:150.00元

　　《白下愚园集》（清）胡恩燮等　（民国）胡光国

　　《白下愚园续集》（清）张之洞等　（民国）胡光国

　　《白下愚园续集(补)》（清）潘宗鼎等　（民国）胡光国

　　《愚园宴集诗》（清）潘任等

　　《白下愚园题景七十咏》（清）胡恩燮　（民国）胡光国

　　《愚园楹联》（民国）胡光国

《白下愚园游记》（民国）吴楚

《愚园题咏》（民国）胡韵箓

《愚园诗话》（民国）胡光国

《愚园丛札》 佚名

《灌叟撮记》（民国）胡光国

《梁代陵墓考·六朝陵墓调查报告》（清末民初）张璜

（民国）中央古物保管委员会编辑委员会 定价：60.00元

《金陵关十年报告》（清末民国）金陵关税务司 定价：28.00元

《金陵胜迹志》（民国）胡祥翰 定价：20.00元

《金陵岁时记·岁华忆语》（民国）潘宗鼎 （民国）夏仁虎 定价：13.00元

《秦淮志》（民国）夏仁虎 定价：15.00元

《明孝陵志》（民国）王焕镳 定价：27.00元

《金陵大报恩寺塔志》（民国）张惠衣 定价：23.00元

《首都计划》（民国）国都设计技术专员办事处 定价：40.00元

《总理陵园管理委员会报告》（民国）总理陵园管理委员会 定价：138.00元

《总理奉安实录》（民国）总理奉安专刊编纂委员会 定价：60.00元

《总理陵园小志》（民国）傅焕光 定价：16.00元

《新都胜迹考》（民国）周念行 徐芳田 定价：13.00元

《新京备乘》（民国）陈迺勋 杜福堃 定价：48.00元

《新南京》（民国）南京市市政府秘书处 定价：26.00元

《陷京三月记》（民国）蒋公毅 定价：13.00元

《南京》［德］赫达·哈默尔 阿尔弗雷德·霍夫曼 定价：40.00元

《南京概况》（秘密）（民国）书报简讯社 定价：60.00元

《南唐二陵发掘报告》 南京博物院 定价：70.00元